全国中学生校园美文精品集萃丛书

我 的 青 春 我 的 梦

风敲些事，灯照当时，都是书生话

如果记忆会说话

《中学生博览》杂志社 选编

时代文艺出版社

图书在版编目（CIP）数据

如果记忆会说话 /《中学生博览》杂志社选编. —长春：时代文艺出版社，
2018.8（2023.6重印）

（"我的青春我的梦"全国中学生校园美文精品集萃丛书）

ISBN 978-7-5387-5732-3

Ⅰ.①如… Ⅱ.①中… Ⅲ.①作文－中学－选集 Ⅳ.①H194.5

中国版本图书馆CIP数据核字（2018）第004367号

出 品 人	陈　琛
产品总监	郭力家
责任编辑	刘瑀婷
装帧设计	李　斌
排版制作	隋淑凤

如果记忆会说话

《中学生博览》杂志社　选编

出版发行 / 时代文艺出版社

地址 / 长春市福祉大路5788号　龙腾国际大厦A座15层　邮编 / 130118

总编办 / 0431-81629751　发行部 / 0431-81629758

官方微博 / weibo.com / tlapress

印刷 / 北京一鑫印务有限责任公司

开本 / 700mm×980mm　1 / 16　字数 / 153千字　印张 / 11

版次 / 2018年8月第1版　印次 / 2023年6月第9次印刷　定价 / 34.80元

编　委　会

编委会主任：刘翠玲　夏野虹　高　亮

编　　　委：宁　波　孟广丽　张春艳

　　　　　　李鹏修　苗嘉琳　姜　晶

　　　　　　王　鑫　李冬娟　王守辉

目录

001

超人你好

浅蓝回忆

如果记忆会说话

时光泛起，不觉成海洋

天亮说晚安

超人你好

北方的冬季太过漫长，好像过了很久，又好像小树还是没有抽出嫩芽。

那些遗失在岁月长河中如沙砾一样的超人梦想，女孩儿庆幸自己还记得它。屡屡失意都不怕，只要披一件长长的毛巾被，自己就还是那个天不怕地不怕的无敌小金刚。

迎着朝阳，在春风依旧萧瑟的清晨里，女孩儿望见人来人往车流不息的街道对面，一个挺拔而略显熟悉的身影朝她奋力地挥着手。绿灯的时候随着行人渐渐走近。

你知道，你有多美吗

衔 猫

于小宁，你知道你有多美吗？——CC

当我在阳光的留言墙上看到上面这句话，有一种被击中的感觉。哦，或许只是某个和我同名同姓的女生罢了。我自嘲地对着镜子里的自己笑笑，我一点儿也不美。头发枯黄，皮肤干燥，硕大的黑眼圈因为经常熬夜而经年不散。穿着褪色的牛仔裤和格子衫沉默地穿梭在由人群构成的沙漠和海洋里。仔细想想，我已经很久没有买新衣服了，两年还是三年。上个月我在一家小店看到一件非常漂亮的绿色大衣，有口袋和帽子，价格是四百八十元，打折后是三百八十六元，我买不起，也无法向家人开口，我家很穷。父母三天两头就为了钱大吵小吵，每次向母亲要生活费，她总要苦口婆心一番："小宁啊，你要努力学习，钱要省点儿花，饭一定要吃饱。咱家跟别人不同，你爸不争气，人又老钱又少，你别跟别人比吃比穿。我也老了，再打几年工也没人要了，我省吃省喝就是想供你上大学啊，妈将来就只有指望你了……"我疲惫地点点头，背着我的大书包头也不回地离开我的家。

我没有直接去学校，绕了远路去那家小店看那件绿色大衣。这是能让我愉快的一件事，我是如此渴望得到它。吃饭、喝水、看书、洗澡、写作，它随时随地地出现在我的脑海里，让我心力交瘁。但我明白，如果想要得到一样东西，就必须孜孜不倦地渴望它，否则你只能失去它。这一个月来我没有吃早餐，中午吃最便宜的咸菜面条，没有买任何杂志和书，一有灵感就写作。在深夜所有人都睡着的时候，我听到我的笔在纸上发出沙沙的声音，还有马路上的汽车呼啸而过的声音，我能感受那种激动人心。尽管我的黑眼圈又变深了。

我真的好久没有穿新衣服了，我都忘了那种感觉。我想，如果我能穿上那件绿色大衣，或许我会变美一点点。

走出阳光，我有一种强烈的预感，留言墙上的于小宁就是我。

我收到了两百元稿费。走在回家的路上，我的心情愉快得不得了，对几个向我吹口哨的痞子报以微笑。明天，明天我就可以把它抱回家了。不用试我也知道它有多适合我。天啊！我等不及了。而现在我只想回家好好吃一顿然后往我的大床一躺好好睡一觉。遗憾的是——我妈还没做饭，她在忙着和我爸吵架，精力真是旺盛，我只好自己动手。我怎么也没想到，在这个寻常的晚上，我会再次见到她。

我在房间里听到有人叫我的名字，我把头从窗口探出去，看见了我远走他乡的朋友。我飞快地跑下楼，紧紧地和她拥抱在一起。

哦，好久不见，小雪。

她穿着松松垮垮的黑色毛衣和深色牛仔裤，头发和我的一样枯燥，依然很漂亮只是有点儿憔悴。我们像过去那样睡在一起，她柔软的身体贴着我，我们不停地说话，我一年说的话都没有这个晚上多。这种感觉真棒。她告诉我她去了C城读了半年技校后就退学出来打工，不会看人脸色又受不了气所以老是被炒或自己辞职，换了很多工作，奔走于一个又一个城市，又辛苦又寂寞，

"没意思，一点儿意思也没有。以前我觉得待在学校里没意思，现在我发现，学校再没意思也不及社会没意思。"她把头埋在我颈窝里，深深地叹了口气，让我想起我妈也常常坐在床上叹气，有时甚至是温柔的气息，阳光有时打在她身上，有时打在她旁边的被子上，每当这

个时候，我都会心惊胆战地觉得，都是我害的。我为什么不能乖一点儿？我为什么不听她的话？我为什么成绩不好一点儿？我为什么不是她的骄傲？我为什么老是问她要钱？

就是在她一次又一次的叹息声中，我看到了她苍老的痕迹。

事情很快就败露。

她用力地拧着我的头发，冲我咬牙切齿地骂："你把我的钱拿去哪了？还剩多少？给我交出来！我让你偷钱！我让你偷钱！让你偷钱……"她拿皮带揍我，一下一下，边揍边骂，全神贯注，毫不手软。我爸坐在床边抽烟，一言不发。我痛得几乎麻木，我既不哭也不喊，只是紧紧地咬着下唇。我看到她的失望。揍我也好，不揍我会更不好过。是的，我从抽屉里拿走了七百元钱，相当于她半个月的工资。我又一次看到这个女人的眼泪，我心酸得不成样子，那一刻我觉得自己简直不是人。我没有办法。她的嘴巴还在语无伦次地说着什么，但我跑了出去。

我用力地奔跑，想用力地甩掉咽在喉咙里的那股悲凉。我不知道我可以去哪里，事实上我无处可去。我又来到了海边。海还是那片海，潮起潮落，不知疲倦。三年级我考试不及格不敢回家，我跑来这里；六年级和母亲争吵离家出走，我跑来这里，在废弃的木船上睡了一宿；现在我偷钱被发现，我还是跑来这里。这些年我一直是这么孤独地奔跑着。小雪是我唯一的朋友，唯一的。她教我折星星，陪我去买内衣，带我去最高的楼顶大声地唱歌，我们一起看亦舒的书，我们是班上作文最好的学生。她说在学校里待腻了，想去看看外面的世界，所以她离开了。现在她回来了，她告诉我她怀孕了。她不知道该怎么办，她没有钱打掉它。黑暗中她抓着我的手，泪水淌了一脸，身体在颤抖。我不敢想起她无助的眼神，真的不敢，一想就满腔凄凉。

我必须要帮她。她是我的朋友，唯一的。我没有别的办法。至于妈妈，岁月漫漫，我一定会加倍补偿你。原谅我。我下意识地又咬紧了下唇，咸咸的味道，才发现自己已经泪流满面。

"喂，你喜欢看海吗？"我转过头，看到一个短发女生在向我走来，她背着一个硕大的画包，穿红色布鞋，眼睛眯成一条线。

我不置可否地笑了笑，站起来和她一起肩并肩地望着大海，她的侧脸真美，皮肤吹弹可破，头发又黑又亮，被海风吹乱。哦，这个陌生的女孩儿，我想她会是个有钱人。因为她穿的连帽卫衣是Nike的，牛仔裤是Lee的。没错，我可俗气了。我在心里嘲笑自己。

"喂，你在想什么？"她问。

"想离开这里，永远不要回来。"我说。

"这片海那么漂亮，为什么要离开呢？"

"因为此刻我的梦想是客死他乡。"

接下来的日子我过得非常狼狈，没钱，我用了一百元硬撑了一个月。每天都饿得天昏地暗，死咬着牙不跟家里人开口。直到那天晚上我妈来学校给我送饭。我知道我赢了，可我只觉得饿。

"怎么瘦了这么多？"她难得语气温柔。

我笑笑。

"还有钱吗？"

我摇头。

"你偷我的钱这么快就花完啦？"她几乎是吼出来的。

我沉默。

"小宁啊，你也是个大姑娘了，妈也管不了你那么多。家里穷，跟那些小姐少爷没得比。你想买什么就跟妈说，但别学人家偷啊！你千万千万别学坏啊！我只有你这么一个女儿，你要是学坏了，我……"说着说着她又开始掉眼泪，弄得我心烦意乱，我推开了她的手。

"好。我不啰唆。"她抹了一把眼泪，"你告诉妈，你拿那七百元钱干什么去了？妈不怪你，花了就花了，下次不要这样就行了。但你要告诉妈，你用它干什么去了？"

她恳求地看着我，我一时心软，艰难地开口对她撒谎："我拿去买了件大衣……"话一出口我就后悔了，她哭天抢地地喊起来："你拿我半个月的工资去买一件大衣？！作孽啊，你知不知道我打工有多辛苦？这几年来我没有买过一件新衣服一双新鞋，你偷我的钱去买一件七百元钱的大衣，你对得起谁呀？我身体不好，还每天起早贪黑地去讨生活……"她声情并茂，泪眼模糊，路过的学生投来或同情或疑惑或幸灾乐祸的目光，我知道我神情冷漠。一个伤心欲绝的母亲极力挽救她失足的虚荣女儿——我该如何去配合。我咬着牙齿忍受着这巨大的耻辱。

行了行了，不要再这样提醒我了。为什么你要时时刻刻提醒我，贫穷是一种耻辱。

我原以为就算贫穷我们也可以活得有尊严，就像别人五百元钱一个月，我一百元虽然窘境但也不至于手心向上，为什么你总是把贫穷挂在嘴边？为什么你总是喋喋不休地抱怨？为什么你一定要把你生活的不堪和丑陋公之于众呢？为什么你要让我觉得，活着，是一件那么卑微的事情。

我想离开这里，离开你们，找一个荒凉的地方，重新生活。没有人询问我的过去，也不需要有人承担我的未来。客死他乡。

于小宁，穿红色衣服很漂亮。——CC

于小宁，今天看到你在公路等车，眼神疲惫。——CC

于小宁，看了你的《不知何处是他乡》，我掉了眼泪。——CC

我见不得对我好的人对别人更好。——CC

我如此想念你，不带们。——CC

于小宁，我梦到了你。——CC

一个人去唱K。——CC

买了张Eason的CD。——CC

于小宁，你喜欢吃面包吗？——CC

我有一个多月没来阳光喝奶茶了。发生什么了吗？看着留言墙上那些写着我名字的便利贴，我恍惚得像是在做梦，梦见一盏昏黄路灯下的怀旧故事。哦，CC，你是谁呢？我无从猜测。心微微抽搐着，有一种质地柔软的东西在那里安静地生长着，把我整个人都溶掉了，溶成了一摊水。多么快活。有一个人在以善意的目光默默看着我，不惊动不打扰。这种感觉很棒你知道吗？

　　再见小雪是在她生日的那天。她把我带到一个包厢，一大群人点蜡烛唱生日歌送她礼物，我没有准备礼物。

　　一个男人送了她一条项链，在众人的起哄声中为她戴上，然后他们甜蜜地拥抱。我看着他们喝酒，划拳，唱歌。我觉得自己那么格格不入。我想吐，时间把一切变成了这般让人反胃的模样。物是人非，我憎恨这个词。她的脸被酒精熏得通红，她问我蛋糕好不好吃，我难过得说不出话来。我知道，我已经失去她了。曾经笑容明亮的少女，为什么沦落成了这样？那张精美的卡片上写着蛋糕的价格是三百八十二元，我终于想到了那件已经被我遗忘了的绿色呢绒大衣。两个月前我那么迷恋它。那些阳光明媚的午后，我看着橱窗里的衣服，无限神往地想，总有一天它是我的。总有一天它会躺在我破旧的衣柜里。我渴望它能让我变得美丽一点儿。为什么想起来像是很久很久以前的事了呢？我曾经差一点点就可以得到它，但如今它对我已经没有任何诱惑力，就这样吧。我走出包厢，跑到大街上，终于可以恢复正常的呼吸了。小雪也跑了出来，我本以为她醉了，但她一说话，我就知道她是清醒的，她长驱直入地看着我的眼睛："于小宁，你是不是看不起我？"

　　"是的，我看不起你。"我看到她的眼睛里，有一种让人疼痛的东西消失了。她奇怪地笑了一下，对我说："那好，再见。"然后转身，离开。我也转身，一个人沿着长长的马路走回学校。每一个与我擦肩而过的人都面无表情，让我觉得那么寒冷。我看着那些打扮得花枝招展的女人，我看着街角衣衫褴褛的乞丐，我看着满大街粗制滥造的繁华，心生凄凉。

我曾经那么迫不及待地想离开这个潦倒的小城，它给了我最大的安全感和孤独感。我以为离开它就可以帮我洗刷耻辱。我知道我是错的，大错特错。耻辱存在于我的身体里，我的筋骨血脉里，也将存在我往后的山河岁月里。我逃不掉的。在这个无处话凄凉的夜晚，我想起我很小的时候，父亲教我读《三字经》，有一个很懂事的小孩儿，他四岁就懂得让梨了。

　　　于小宁，冬天来了。——CC

　　　于小宁，你头发长得好快。——CC

　　　我向往北方。——CC

　　　我喜欢冬天的阳光，照在身上暖洋洋的。——CC

　　　于小宁，今天我跟一个外国人打招呼，他说，You are a beautiful girl.好开心。——CC

每次去阳光，我总能看到她的留言。她的字很漂亮，龙飞凤舞的飘逸。我没有告诉任何人我在写作，也无从猜测她的身份。直到有一天阳光的珊珊姐递给我一个箱子，说是一个经常来这里的短发女生让她给我的。箱子里是一叠画和几张陈奕迅的CD，还有一封信。画的全是我。咬着吸管喝奶茶的我，埋头写作的我，翻杂志的我，坐在长椅上用手挡住阳光的我，坐在海边的我……全是我。我的心有了某种预感，我迅速地拆开信。

　　　我是陈晨。

　　　第一次在阳光看到你的时候，我就知道，你就是我一直喜欢的那个写手。你穿着红色的格子外套和褪色的牛仔裤，坐在左排最后一张桌子咬吸管，好像那杯奶茶真的很好喝的样子。我知道你喜欢学历史，喜欢写作，喜欢听陈奕迅，喜欢喝奶茶。不开心的时候会去看海，习惯沉默，自尊脆弱，极度敏感。而你对我一无所知。我是一个美术生，但一年前退学了，因为我爱上了我的美术老师。恶俗吧？他是一个很有魅力的男人，创作的时候全神贯注，把全世界抛到一边，酷到掉渣，我爱他爱得要死。

但幸好我更爱画画。

我也没指望成为什么大画家，我就是喜欢画，想要不停地画不停地画。那种怎么也停不下来的感觉，无限接近地老天荒。我决定离开这里，去北方跟一个老师继续学画画，也许会有你说的，客死他乡。我现在坐在阳光里给你写信，我跟自己说，如果六点前你出现，我就请你喝杯奶茶，告诉你请你坚持你的梦。

一个小孩儿急匆匆地跑过来，撞倒了箱子，CD和画撒了一地，我蹲下身去捡，看着那些画里面的自己，唉，我自己，如此美丽。我想起海边的那个短发女孩儿，她天真的声音："这片海那么美，为什么要离开呢？"

早开在青春里的晚霞

惟 念

1

杨康康家在鹿城一中边上开了一个小书店，除了卖一些常规的报刊，还有自家酿制的酸梅汁供应。每天放学后，三三两两的学生都会来店里，一边咬着吸管把杯子里吹满翻涌的小气泡，一边有一搭没一搭地聊天，通常这个时候，杨康康都是低头找零，她害羞极了。

因为进入发育期，身体像是吹气球似地胖起来，两颊还有遗传自妈妈的雀斑，加上一笑起来就眯成一条线的眼睛，她经常会被学生们喊成海涛妹。她不爱看流行的综艺节目，自然也不知道她这副模样和那个大本营里的杜海涛是多么相似。

就是这样不温不火、放在人群里根本找不到的姑娘，和鹿城一中的女神林婕是好朋友。她们两家住在同一个小区里，如果不把阳台的窗帘拉起来的话，一胖一瘦的两个女生就可以看到彼此埋头写字的样子。这样亲密不可摧的友情，从出生延续到高二的夏天，然后就发生了未曾料想的逆转。

林婕带陈水围来店里喝酸梅汁的那个傍晚，杨康康刚刚帮爸爸卸完半车厢的书，本来就笨重的身子，因为被汗水湿透的衬衫紧紧包着，看起来更没有半分女孩子的气质。瘦瘦高高的陈水围静静站着，他看着杨康康红彤彤的脸，又转头望了一眼长发飘飘的林婕，递过一双干净柔软的手来："嗨，你好，我叫陈水围，跟小婕一起在广播站播音。"

杨康康慢腾腾地握住那只手，紧张得有些结巴："你……你好，我叫杨康康。"她装作不经意地瞟了一眼亭亭玉立的林婕，看着她那张一笑起来就让人如沐春风的脸，闷闷不乐地在心里想，这个一向神通广大的好朋友，总能轻易就得到自己朝思暮想的种种，无论是骄人的成绩、脸庞，还是让整个鹿城一中的女生都沸腾的陈水围，而自己就是伸长了脖子踮脚张望，仍是被甩下一大截，来势汹汹的沮丧和失落牢牢包围了杨康康。她没回头地大步走开，4月的春风再温柔，都缓和不了她此刻的心情。所以爸爸看着她通红的眼睛问怎么了的时候，她沉默地走了好远才敢去抹掉下来的泪。

要知道在非常敏感的青春期里，再好的朋友都是有一些东西不能共享的，也有一些大家都心知肚明的"三八线"，比如，我暗恋的男生，你是不可以再去找他的。而林婕这个智商超高的家伙，竟然犯了这个低级错误，所以她和杨康康持续了十七年的友情，在陈水围的问题上，戛然而止，当然是单方面地被冻结了。

2

把日历往前翻半个学期，那是杨康康第一次见到陈水围，清晨的操场空旷安静，因为阳光还没有温度，所以台阶上还留着昨夜的露珠。杨康康拿着一本书在树下轻声读着，不远处有个男生在慢慢跑步，两个人一静一动地让四周的空气都充满了流动的活力。

男生经过树下的时候，杨康康正读到："我们分担寒潮、风雷、霹雳；我们共享雾霭、流岚、虹霓；仿佛永远分离，却又终身相依……"

老实说这首诗里描述的感情，以杨康康现有的知识积累并不能完全体会，但是这些搭配起陈水围俊朗的面孔、发梢亮晶晶的汗滴、线条分明的肌肉，又显得意味无穷。

"这是遇到你的第三十九天，空气里都有一种甜蜜的味道，叽叽喳喳的鸟鸣好像告诉着我，生命的春天由此开始。"

杨康康写在数学书上的几句话，被林婕无意间看见，她不依不饶地追问，话里的那个主人公是谁。黑板上老师在讲什么，两个人已经完全听不进去了，她们在桌底下传着纸条，上面匆忙而潦草的字迹都是关于一个人，那个动静相宜的阳光少年，陈水围。

在杨康康看来，她把自己心底最珍贵的秘密都和自己最好的朋友分享，那她就不应该再炫耀般的带陈水围来找自己，况且还是在她那么狼狈窘迫的时刻，毕竟这是他们之间第一次正面的对话。

"杨康康，你给我下来！不然我就上去敲门了，我给你买了最喜欢吃的菠萝包啊！"

任林婕怎么样软硬兼施，杨康康还是躲在房间里不吱声，这已经是她们不说话的第五天了，每天杨康康刻意错过之前和她一起去学校的时间，放学了也不会再去书店里收银找零。杨妈妈看着自家女儿反常的行为，也没放在心上，还以为她是要下狠心刻苦读书了呢，所以每晚看她台灯亮到很晚，都会熬好不同的汤汤水水端过去，再嘱咐她早点儿休息。

"康康，是不是林婕最近也很忙呀，怎么都不见她来找你上学了呀？晚上叫她来家里吃饭，我烧板栗炖鸡给你们俩补补。"

杨康康敷衍着妈妈的话，整理书包的时候，一张写满了字的草稿纸掉了出来，她捡起来看还是之前那节数学课上讨论的陈水围，便气恼地撕了个粉碎，推开玻璃窗便撒了下去。

3

古人说，塞翁失马焉知非福，还是有一些道理的。比如，杨康康原来不温不火的成绩，在她的努力之下也渐有起色的时候，老师渐渐也会找她单独去办公室聊天，问她想考哪所大学。杨康康总是茫然地摇摇头，她只想去陈水围去的地方，所以无意间问起老师关于日夜牵挂的男神的志愿时，她好不容易积累起来的信心又瞬间粉碎了。

因为北大中文系离她真的太远了，那是要加速飞奔还得有悟性才能进入的地方，那里大概只适合陈水围和林婕这种一直被光环围绕的人，而她这种丑小鸭，是根本不用考虑的。

人们爱用"白驹过隙"来形容时间流逝之快，而对于高三生来说，只有越堆越厚的辅导资料和试卷才能证明他们没有浪掷这稍纵即逝的光阴。本着一切为了高考的原则，林婕和陈水围的播音工作也停了下来，他们必要待在一起的机会减少了许多，这对暗中较劲儿的杨康康来说，真是一件不小的好消息。

但没想到的是，在五十年校庆的前夕，他们两个人又被任命为主持人，放学之后便留在大礼堂里排练。某个提早放学回家的晚上，杨妈妈指着桌上的保温桶说："康康，刚刚林婕打电话来说她想我做的银耳汤了，说她还在你们的大礼堂排练，你赶快送过去。"

杨康康刚想拒绝，杨妈妈就把她推出门外，催促着她早点儿回家吃饭。夕阳西下，暗香浮动，影子长长地拖在地上，杨康康一路踢着小石子，到了礼堂门前时，她想敲门的手竟开始发抖。

一鼓作气地推开，里面只有一束微弱的灯光，陈水围坐在舞台上闭眼小憩，听到声响立即站了起来。看到是杨康康走近，紧绷的肩膀立即放松下来："咦？是你呀，小婕刚刚才走，说她太累了就先回去了，你在路上碰到她了吗？"

一头雾水的杨康康不知道林婕葫芦里卖的什么药，她摇了摇头提着保温桶就要走，没想到性格开朗的陈水围会摸着瘪瘪的肚子直叫饿，于是两个人就席地而坐，分吃碗里软糯可口的银耳。

那个傍晚对杨康康来说，真是终生难忘，因为从前只会出现在梦里的情景，竟然会真实上演。她关上了大礼堂的门后，狠狠地掐了自己一把，以此来确定这一切都是真的。

天边的红霞拖得长长的，提前冒出来的几粒疏星斜挂半空，杨康康忍不住轻声哼起歌来："青春若有张不老的脸，但愿她永远不会改变。"

咿咿呀呀的歌声在走出校门后第一个拐弯处停下，因为林婕正站在攀爬了半面墙的迎春花下，神情平静而意味深长。看样子是特意在这儿等着，她的脚边摆了一堆吃过的果冻盒，风吹来就哗啦作响。

"康康，我有事要跟你讲！"像是怕杨康康会跑似的，林婕迟疑了下还是抓住了她的衣袖。

换作平时，杨康康肯定还是不搭理她，但方才因为陈水围而产生的好情绪仍在发酵着，所以她停了下来，双手抱肩地反问："怎么了？有一点我要先声明，我们是不可能回到之前的那种状态的，你要是想说这件事的话，就免了！"

这些话一出口，杨康康就后悔了，因为林婕眼中一闪而过的惊喜又很快黯淡下去，她垂着头说："康康，你从前根本不会用这种口气跟我说话的，你说我做错了什么，我可以改呀！"

拐弯的巷口空空荡荡，一个喝光的可乐瓶被吹着滚动向前，咣咣铛铛的声音更衬出两个人之间因无言以对而产生的尴尬。

"林婕，你什么都没做错，错在我，我如果像你一样，瘦高的个子、好看的眉眼、优渥的家世，还有一大堆的朋友的话，我们就能继续做朋友了。可惜的是，我什么都没有，跟你在一起我真自卑。"

说到这儿，杨康康简直要哭出声来了，她的眼睛红了一圈又一圈，但最后还是吸着鼻子仰头把泪逼了回去。

"康康，我根本没有要和你抢陈水围的意思，我们只是朋友……"

解释还没说完就被杨康康打断，她清了清嗓子，大叫了一声："不要解释，解释就是掩饰，掩饰就是事实，我知道你想要的东西一定会得到，但是这一次我没有想先认输！"

杨康康越走越远，她胖胖的笨笨的背影看起来十分孤独，林婕拿出手机，带着哭腔儿说："陈水围，怎么办，康康还是不肯听我好好解释，她就是这样一个执拗又傻气的大笨蛋啊！"

5

翌日一早，杨康康又去操场早读，这一次她没有羞怯，直接迎上陈水围的目光，还主动问了声早。陈水围减慢了速度，告诉她一会儿有话要讲，杨康康立马满脸通红。

什么时候觉得时间最慢呢，就是你万分渴望一件事，恨不能立马就把它做掉，等待中的每一分每一秒都显得太漫长了。

气喘吁吁的陈水围慢慢跑近，他扬起手拨拨杨康康的头发，眼神如蜜地说："我要考北大中文系，你呢？"

难道是男神看透了自己的心？杨康康的心怦怦直跳，她顿了顿才回答："不知道，因为我成绩还那么差，北大，真的太不现实了！"

陈水围就知道杨康康会这么说，他很快接上话："但是金牛座的人，应该不是会轻易放弃的人吧，你说呢？"

时间就在这一秒凝固了，杨康康的脸一直红到耳根子，她小声地说："那，你可以不用停下前进的脚步，只要留一只手在身后，我会抓住那只手追上你的！"

陈水围立马点了点头，他又伸出那双手，温柔地覆在杨康康的手上，用力地握住因兴奋和期望而战栗炙热的指头。

从前觉得自己是一只走在沙漠里的骆驼，茫茫的黄沙望不到头，现在总有绿洲影影绰绰地在前头，吸引自己不断奔跑。

杨康康这个笨笨的金牛座，真的踏踏实实地静下了心，翻过了一本本书，做完了无数道题。她偶尔累的时候，就会想想陈水围跟她说的话，还有他那天传递给自己的温度，于是很快就元气满满，恢复了百分的战斗力。

十八岁的生日来了，原本没放在心上的杨康康放学后发现笔袋里多了一张纸条，上面用英语写着："Happy 18's birthday, your best friend Jane."

Jane这个英文名是林婕的，当初她们一起喜欢张靓颖，所以取了一样的英文名。就是这个名字，让很多过去的回忆又不断闪现，惹出了杨康康的眼泪。

她背着包缓缓地走着，大脑里一片空白，尽管很努力了，但是高考这座大山还是让她觉得压力重重。林婕复习得怎么样了呢，她也会偶尔想起甜美的往昔吗？其实现在她已经不那么生林婕的气了，因为陈水围会隔几天就找她说说话，她觉得跟从前不了解他时相比，现在是一种理性的欣赏，她喜欢他的幽默风趣、多才多艺，更想像他一样，看不同种类的书，掌握的知识远远超过同龄人。

正想着，忽然背后有人轻拍了她一下，回过头来竟是陈水围和林婕，他们举着孔明灯，还提着一袋子的零食，让杨康康去操场一起庆祝她的十八岁生日。

红色的孔明灯上写着很多愿望，大部分都是杨康康曾无意间提起过的，比如，买一整套"三毛文集"，学会一首陈奕迅的粤语歌，瘦下来养长发，学会做咖喱土豆。

能知道这些并记下来的，恐怕只有林婕吧，她心思细腻又爱写日记，这些琐碎陈水围无从了解，他只是看着两个姑娘的侧脸，从心底里觉得春天要走了，最棒的夏季终于要来了。

6

黑板上的倒计时每天都在递减，班级里的气氛越来越凝重，每个人脸上都有深深的疲惫，没有人再大声说话嬉戏，大家都是微微一笑或点点头，算是打了招呼。

杨康康的抽屉里每天都多了一瓶芦荟味的酸奶，不用看也知道是林婕给的，因为只有她一直坚持说，把杯壁的酸奶抹在脸上就能消掉痘痘。每天熬夜加上过大的压力，已经让杨康康的脸变得坑坑洼洼的，和那些小雀斑一起，更是显得无精打采，完全没了少女的活力。

陈水围有时候会开玩笑道："康康，假如小婕是男生，恐怕你这座城池早就被攻下了吧？"

杨康康总是会摇摇头，看着窗外的天空说："不会的，她对我的这种好，是手足之间的那种，你懂吗？况且，我不喜欢这种类型的。"

"康康喜欢哪种类型呢？"

天知道杨康康多想立刻拉住陈水围的手，毫不怯懦地告诉他，自己怀揣了那么久的心意，以及因为他，才让两个原本亲密无间的挚友，变成今天这种不咸不淡的样子。

可她话到嘴边又忍住了，她不能暴露出自己的小心眼儿，不能让男神知道，自己是因为担心林婕抢走他，而故意疏远对方，因为她是如此看重自己，所以她一定会让着自己。

但是当自己和陈水围真的能在一起谈天说地了，并没有预想中的那么快乐，反倒是一种难以名状的失落萦绕在她心头，她不知道是为什么。

"其实我之前根本没注意到你，是小婕来找我，说她最好的朋友需要我的帮助，我不好意思便跟着她去你们家喝酸梅汁，没想到反而让你们的关系立马紧张了。"

"你是说，那一次你们是特地来找我的？"杨康康不敢相信自己的耳朵。

"嗯，因为林婕说你是个很用功的女生，只要让你看到希望，你就能爆发出潜力，所以那次大礼堂的银耳汤，也是她故意安排的，她是想让你开心。"

听到这儿，杨康康瞪大了眼睛，她就知道林婕当时不会只想骗她妈妈说想喝汤，肯定另有深意。

"孔明灯上的愿望，都是她替你记住的，你抽屉里的酸奶，都是她买的，她只让我有空陪你多说说话就好，我跟小婕是好朋友，所以这个忙我是愿意帮的。更何况，接触之后发现你确实是个很有意思的姑娘。"

杨康康来不及跟陈水围说什么，便一路跑到林婕的家里，看到她正在翻过去的老照片，上面全是两个扎着冲天辫的小姑娘，笑得眼睛都看不见了。杨康康什么也没说，只是紧紧抱住了面前的好姑娘，那些积攒的误会别扭不愉快，都在这个拥抱里得到解决。

7

"后来呢……"宿舍的室友紧追不舍，让我说完这个长长的故事，我仰头喝完芦荟味的酸奶告诉她："后来我们都去了心仪的学校，虽然没有考上北大，但是我跟陈水围、林婕成了好友，每次放假回家都会聚在一起。我们的情谊已不需要相同的地点来维系，而是无论彼此在哪儿，都有了一致的频率。"

"真羡慕你有这么好的闺密啊！"室友在末尾感叹了一句。

"是呀，陈水围于我，不过是早开在青春里的花，那种朦胧的美感稍纵即逝，是林婕巧妙地帮助我走过那么关键的阶段，让我们仨有了更长的故事可以说。"

还是去看流星雨

五十岚

窗外一阵喧嚣，小妹在阳台上正做一套八段锦，回来汇报军情："又有人在天井告白啦！"

寝室全体见怪不怪地"哦"了一声，点蜡烛秀真情这种老套路早就不能打动我们这些心如磐石的老姑娘了。大家或坐或卧，该敷面膜的敷面膜，该仰卧起坐的仰卧起坐。就在这个貌似平安的夜晚即将过去之时，大姐突然捂着电脑一声惊叫："我去！快看咱们学校人人网页面上！竟然是女生对女生表白！"一语惊起千层浪，不管是睡意蒙眬的还是正在说梦话的都瞬间清醒了，大家滚打摸爬着摸眼镜扯面膜，热情高涨地投入到了"520告白案"的讨论之中。我们一群单身又无时无刻不在渴望着传说中真爱降临的女青年群情激奋了一会儿，痛定沉思，决定召开第一届恋爱指导大会，对宿舍的恋爱仕途进行完整地规划，并总结反思过去一年来的恋爱道路及成果。

那真是说来话长，这一段段可歌可泣的故事放在谁身上不心酸啊。

话说这一年风调雨顺，大姐在上苍的滋润下乐极生悲地得了肠胃感冒，从傍晚开始上吐下泻，凌晨时分支撑不住，只得赶往医院。这时间伸手不见五指，流氓都不敢走夜路。大姐强忍疼痛，从手机里翻出学生会自家部长的电话，想起平日里受尽他的压榨剥削，反抗的时候终于降临了，不禁嘴角挤出一抹痛苦并快乐的笑意。寝室几位女生一起鼓动："快！骚扰他！"于是，可怜的部长大人从梦乡里惊醒，一脸茫然地护送着几个女生来到了几里地外的中日友好医院。医院里，大姐打着吊针一脸鬼魅的微笑，部长大人还未从梦中清醒，窗外野狗四啸，画面就此定格。此役后，大姐与部长大人的关系日益精进，偶尔还一起去"牛大碗"吃夜宵打牙祭，还一起看日全食和流星雨，相较之下我们这些单身女真是弱爆了。

流星雨那天晚上我裹着床单趴在阳台上甜蜜地等待传说中的流星雨风暴，结果只等来一对对攀脖子搂腰的情侣，刹那间我就清醒了，就像你拈花我微笑一样醍醐灌顶：我们看的不是流星雨，是身边的那个人……一时间悲从中来，正这时，大姐意气风发地推门而入，头顶光环，脚踏火轮，熠熠生辉。

幸福来到了最高点，而后就会急转直下。

不久，我们得到了一个振奋人心的好消息：部长大人终于有女朋友啦！

相对的，我们也得到了一个重量平齐的坏消息：这个女朋友不是我们大姐。

大姐一时神伤，化悲愤为动力，清明时节雨纷纷，她一张机票飞去武汉散心去了。回来之后，大姐便面色甜蜜的每周寄一张卡片，原来她在武汉碰到昔日同学，两人共忆同窗时的青涩美好，眼波相交之时便一拍即合，竟促成一段恋情。

然而，悲剧就是总有人喜欢往伤口上撒盐。

有一天，大姐收到了一条短信：我觉得我们都该冷静一下……

还好大姐神经强韧，喝完五罐啤酒之后在阳台上号了一晚上民歌，第二天照旧生龙活虎地去打球。只不过这之后，谁胆敢唱《旅行的意义》，大姐听一次揍一次。

说起来大姐好歹也吃了葡萄有权讨论葡萄的酸甜，最惨的案例是已经伸手去摘结果葡萄没了。

话说这一年还是风调雨顺，我们的学校诞生了一位可以用任何褒义的成语去赞扬的学长，"520"这一天，小妹编辑了一条深情款款的短信去调戏学长，学长半天没反应，第二天就传出流言说学长火速恋爱，第三天就看见人家成双入对了。从此，我们宿舍的训诫就变成了：坐等学长失恋。

想起《一座城池》里写的："你也真怪，也不给人打电话。算了算了，想通点儿就是了，不就一堆肉、若干血管，再加几个内脏吗？有什么稀罕的，咱自己也有。"

是啊，身边那个陪着看流星雨的，不就是一堆肉、若干血管再加几个内脏吗，有啥好看的，还是去看流星雨好了……

我一直在走向你

邵猫猫

每个人的心里，都有这样一种亲爱的情怀。生日快乐。我的鬓角王子。

——写给最爱的五月天

1

记忆里5月的天空蓝得不可思议，干净透明宛如那个北投少年脸上纯真的笑容。那时你穿着白色校衫背着大书包站在夏日里放肆微笑，高高的样子，眉目间尽是青涩不羁的神色，拥有一把吉他和一群死党，叛逆而明媚的十七岁。

时光再往前一些。你像每一个调皮好动的男孩子一样，东跑西跑，只为抓住夏天傍晚的那只鸣蝉。衣服永远穿不干净。手里端着玩具手枪睁大眼睛躲在镜头后面，童年被瞬间定格。

或者时光机慢慢转动，回到更久远的从前。

然后光速飞逝的时间轻轻带过一切。十八年后的今天，你依然是一如当初那个衣摆飞扬的少年，只是更加成熟更加有责任感。你给了我们无数的感动和美梦，你将世界用你的笔尖、用你的声音铺陈在我们心底。

第一次见你，隔着荧幕你站在那里说："我是五月天主唱阿信。"说完眨一下眼睛抿嘴微笑。该怎么描述那一瞬间的感觉呢。只记得《诗经》里有一句话——有匪君子，如金如锡，如圭如璧。

后来我常常感叹自己是多么幸运，在不美丽不快乐不温柔又与周围气场总是不合的别扭年纪，突然世界里多了一束光，足可以支撑生命的荒芜和生活的乏味。渐渐它被一个词代替，就是信仰。从此看你在舞台上声嘶力竭，听你在耳边低吟浅唱，记你每一句写进我心底的歌词。沦陷在你的温柔摇滚里。

2

如果没遇见你会怎样，我的心是否还在流浪。

这些年来，你从来没有停止过前进的脚步，你实现了一个又一个最初的梦想，在最遥远的地方闪闪发光。永远年轻永远光芒万丈如信仰一般，给我指引。

你问我还梦不梦疯不疯还有没有当初浪漫温柔，其实我一直愿意和你一起写一个传说。你说所谓的彩虹不过就是光，我就坚信只要心还透明就能折射希望。你说寂寞可以是忍受也可以是享受，然后我一直努力享受这仅有的拥有。你告诉我最美的愿望一定最疯狂，我就和我骄傲的倔强握紧双手绝对不放。全部都是你借给我的勇气，在每一次梦想快要消失的时候。

前些天一个天气阴沉的下午，我发着高烧躺在床上，全身没有一点儿力气，喉咙像被火烧一样撕扯着疼，头痛到快要裂开。真心感觉自己快挂了。闭上眼睛静静流泪，突然就不可遏制地想起你。

你说，就让他去，我知道潮落之后一定有潮起，有什么了不起。

你说，活着其实很好，再吃一颗苹果。

我寂寞的时候会想你。

我快乐的时候会想你。

我唱歌的时候会想你。

我写字的时候会想你。

我背诗的时候会想你。

我从来没有停止过想你。如果你常常无缘无故打起了喷嚏，请你一定要原谅我。

《美国往事》里说："当我对所有事情都厌倦的时候，我就会想到你，想到你在世界的某个地方生活着，存在着，我就愿意忍受一切。你的存在很重要。"

3

常常会想，你在好不容易抽出的闲暇时间一个人静静坐着的时候，有没有刹那的后悔，当初没有选择那种安逸的生活，和所有平凡人一样上学上班恋爱结婚生子然后老去。只是你说，没有疯狂怎么能算活过。所以你不会后悔的吧。

现在，你在微笑吗，你在皱眉吗，你在流泪吗，你会不会觉得疲惫。如今的生活注定不平凡，却也不再平静。

记得一个安静的夜晚，我裹在被窝里看暮雪送的《Happy Birth Day》，看每一句你写的话每一张你的照片。看着看着不小心睡着了。

然后我竟然梦到了你。你就在我面前，遥远又切近，然后我对你说了一句话："嘿，鬓角乱了哦。"然后我就醒了。再然后，我就哭了。

十八年来最奢侈的愿望，就是能见你一面。

陈信宏。陈信宏。陈信宏。

我要用我最温柔的声音叫你的名字，叫到春暖花开。

我恨不能将这世上所有温暖的，明亮的，美好的事物都给你。

我想大声喊我爱你。

我无数次幻想着能骑一把飞天扫帚飞到你面前。

而我最希望你可以得到最幸福的幸福。

对你的喜欢，无关成败，它们只是开在我心里美丽的花朵。那种已经刻在生命融进血液深入骨髓的喜欢，我一个人静静承受细细体味就好。

很爱你，所以会很努力。

我始终无比坚信，我独自走过很长很长的路，趟过无数深深的河，经过漫长日夜路过四季交替看过不同风景。就可以带着最满意最优秀的自己，抵达你所在的远方，闪耀的梦想。

我一直在走向你，不皱眉，不怀疑，不动摇。

他夏了夏天

杜　阳

时光很零碎，像纷飞在4月季风里面的花。

一切突兀地，就在离开与失去中交替地说着最无言的告别。

　　我认识他的时候，是十五岁的夏天。没有花，也没有微笑。一切皆是匆匆，不停地走在炽热的光里面。多年后的现在，记忆仍然把那天的他镌刻成了永恒的图景，红黑条相间的T恤，像转瞬即逝的流星，其他的其他，都渲染成了大片大片的空白。没有擦肩而过，没有转角遇见，也没有人群里面多看的那一眼。相识，原本还是一场很莫名的事，没有那么多无故的缘由。毕竟，岁月会还我一个解释。

　　于是，隔了无数个人头，我将目光扫过，像镁光灯一样，在黑暗中选取着一个又一个特写，于是，他也成了其中一个。至于幸与不幸，那早已经不得而知了。

　　"你好，我叫郁雨。"我很抱歉，这是一句永远没有说出来的话。

　　只是这样的我们，到底算不算相识？你说呢，少年？

　　十六岁之夏，生活又一次以两倍以上的速度进入了快进的模式，没有返回键，于是就再也停不下来。而我和他从毫不相干到前后桌到同桌，也只是那一个夏天发生的小事，然后就一起坐过了高考前的六百多个平凡的小日子。其实，我越来越习惯他在我右手边的日子，那个经常在语文早自习狂背地理图册、叫我胖子傻子呆子、爱喝格瓦斯、常常秀街舞的男生，就用那样一些别样而又无厘头的方式，给予我一份独一无二的欣喜与感动。那感动，其实我也不懂，我只知道内心的感觉永远不会骗我。

"我想和你一起慢慢变老。"

这是十六岁的最后一个夜晚，我在日记里面的独白，也是那一年啊，我最任性和奢侈的心愿。

现在仍然清楚地记得，十七岁那年的夏天最温暖的事情。午休后，当我睁开眼睛的时候，我都会看见打篮球回来的他，枕着他的球衣浅浅睡去，那感觉，应该是一生只得一回吧。有时候，我也会枕着他的球衣，也许，我只是想做一个长长的梦，我想走入他的梦境，看看他眼里最最真实的我。

记得那时候，我是个对二氧化碳极度过敏的孩子，只要空气里面的二氧化碳浓度稍微高一点儿，我就会难受，可教室里面从早到晚运行不停的空调却没有留给我开窗的机会。有一次下课，他迅速地跑出教室外，回来的时候，手里面却神神秘秘地捧着一把什么东西。

"给你！"

我伸过手去，他把双手老实地摊开，并若无其事地交到我手上。他打开手的那一瞬间，我的眼泪便怎么也忍不住了，但我没有擦，毕竟，除了眼泪之外，我没有更好的方式转达给他我心中的感动。

其实，他的手上什么也没有，他告诉我，他从外面捧了一把新鲜空气给我，他不知道，他同时也将那个夏天最凉爽的一抹风给了我。

"你为什么这么傻呀？"

"因为我看你很难受呀！"

"所以呢？"

"所以没有所以了呀！"

十八岁的夏天，高考的那个夏天。空气里面满是忧郁的气息，我也不知道是谁的眼泪在飞。那时候，我更多时候喜欢静静地望着他，却在他转过头望我的时候，假装地看着窗外的蓝天。也许，我只是不愿意让他看到我眼睛里面荡漾着的忧伤。面对高考，或许谁都没有勇气去戳破，也没有资格去成为对方的阻碍，谁都不敢谈以后，也不敢预测。可我那时候，就是那么坚定，他的未来，一定会有一个我。那时候我常常会想，如果我有一台时光机，那么我要做的第一件事情就是回到他的过去，也许我只是单纯地想多认识他几年，看看以前的他有着怎样的遇见，又有着怎样的成长。

一切，呼啸而过，就像那场盛大的高考，然后只留下了一场后知后觉的告别。那天，我们没有说话，只是像平常一样，拿着各自的书包，走在相反的回家的路上。也许，没有告别的告白才是不会流眼泪的方式，但愿，不会就这样走失在彼此的夏天。

9月，一切就像约定好了。我去了南方一个美丽的城市读大学，没有我心中的海洋和阳光。而我的少年，却留在了本市，头也不回地踏进了高四的校门。我们就这样擦肩而过，那个夏天，望着他的背影，我却只能在原地无可奈何。少年，我终究不能留住你。

我的十八岁生日，他缺席了，这是我们一起走过的第三个年头。一个人走在偌大的校园，戴上耳机，听着周杰伦，感觉就像一场巨大的时光漫步。看着来来往往的拥挤人群和闪耀的霓虹，我想那个少年也应该在明亮的日光灯下，为了自己的梦想而奋斗，于是我笑了，然后抬头看着星星，因为我知道，那些年我们说好的，未来无论在哪里，都要仰望同一片星空，当我想你的时候。

"亲爱的，你就好好往前飞吧，我在毕业的那个盛夏，等着你！"

这是，我发给他的最后一条短信，尽管从此就失去了联系，但我依然会笑着，在这座安静的南方小镇，等着他乘着时光的列车，来到我身边。

　　他叫张尘风，我叫郁雨。这就是我们几年累计下来的夏天和所有最美最铭心刻骨的时光。

超 人 你 好

大陌陌

是不是每个孩子小时候，都有一个关于超人的梦想？以为自己无所不能，自动忽略掉拿不上台面的苍蝇胳膊绿豆拳，戴着妈妈的黑色墨镜，披一件长长的毛巾被，便幻想自己就是那个宇宙超级无敌救世主。

尽管英雄的形象总会伴随着各种糗状谢幕。刚刚爬上高高的床铺，一个完美的转身，小小的身躯就已然包裹在累赘的毛巾被里，华丽丽地滚下去。没有哭闹，也不觉丢脸，只是很正常地认为这是英雄该有的磨炼。很多年后，看到电影的花絮里，大腕也会被同一个镜头NG很多次，思绪就瞬间驾着喷气式飞机，回到那个屡屡失意却从未放弃过超人梦想的小小英雄时代。

长大了些，再也不能在天热的时候像隔壁家的哥哥一样光着上半身，妈妈会给自己买很多粉色的小裙子，扎高高的漂亮的公主辫。和泥巴玩沙子会受到批评，蹲在地上逗小蛐蛐会受到批评，玩一身汗回家会受到批评。于是逐渐变得乖巧，和那些一出门就玩得全身脏兮兮的小男孩儿疏远起来。没事在家画几张简笔画，给妈妈新买的洋娃娃换一身衣裳。偶尔抱着自己满意的杰作满怀欣喜地敲响隔壁家哥哥的大门，最喜欢哥哥把自己抱在腿上指着课本教认字。

最散漫的时光退去，终于有一天也能背着大大的书包向学校的方向奔跑。老师很喜欢漂亮安静的女孩子，于是心里暗暗较劲儿一定要把美丽可人的学习委员比下去。建立了自己的小圈子，体育课会围在一起做运动或者天南海北地聊天。每个周一穿好校服站在主席台下敬礼，听校长爷爷一星期一次地对祖国花朵们进行思想教育，喜欢在升国旗的时候仰着脑袋见证国歌唱完国旗是否刚好置顶。第一次考了全班第一，刚刚师范毕业的年轻老师摸着我的小脑袋说"你真棒"。会很腹黑地回头看看可人的学委有没有偷偷抹鼻子，会很大义凛然地对小豆芽同桌说不懂的就赶紧问我。

后来，有了自己的第一辆自行车，很小，很漂亮。于是每天和隔壁家的哥哥一起骑车去上学，可惜过了两条马路就要分道扬镳。喜欢在这个时候激励自己要考上那所全市最好的中学。

似乎每天都过得很快乐，成绩优异又刚刚被选为班长。每天下课和小豆芽凑在一起吃零食，放学用最快的速度冲回家看动漫。偶尔翘了轮班的大扫除，幸好总是有小豆芽帮自己应付烂摊子。

家有小女初长成，这仿佛是一瞬间的事情。那个瘦弱如柴的小不点儿不见了，转眼出落成大方标致的美少女，收起了所有幼稚的卡通玩饰，最喜欢抱着心仪的书籍坐在前院古老的树藤下安静地阅读。

"不要因为也许会改变，就不肯说那句美丽的誓言；不要因为也许会分离，就不敢求一次倾心的相遇。"生活一如既往的美好，花季的心灵却也开始有了自己的小秘密。如愿考取了邻居哥哥的学校，却开始有意识地躲开哥哥的目光，将心事全都交给日记本，从此上面写满了哥哥的名字。学生会，广播台，运动场，哪里都是少女的秘密。习惯掰着指头算算距离高考的日子，倒也开始暗生"君生我未生"的惆怅之感。离别的夏天在即，于是那个知了声漫天铺地的午后，少女像多年以前敲响邻居哥哥的房门，心事全盘托出。哥哥怜爱地摸了摸女孩儿的脑袋，宠溺似的依旧把她当个孩童。

哥哥还是走了，去的是祖国最南边的大海岛。少女第一次有了心灵被抽空的怅惘。开始无意识地走神儿，托着下巴呆呆地坐在窗前，一坐就一整天。每个周末会记得给哥哥发邮件，一封接一封，不管有没有回应。然后在一个飘雪的早晨，隔着海峡，还有几千公里的土地，女孩儿收到一张寻常的照片。那照片是两张青春的脸，彼此之间甜蜜的默契仿佛扑面而来。这里天寒地冻，彼岸却草长莺飞。女孩儿释然了，哥哥现在很幸福，尽管与她无关。年龄的增长，终于让她明白距离是什么。"我一直追逐着你的脚步成长，我以为我可以追得上。也许我忘了你也在追逐梦想，也许我该停下了。"街道上，漫天飞雪，怎么下也下不完。

北方的冬季太过漫长，好像过了很久，又好像小树还是没有抽出嫩芽。

那些遗失在岁月长河中如沙砾一样的超人梦想，女孩儿庆幸自己还记得它。屡屡失意都不怕，只要披一件长长的毛巾被，自己就还是那个天不怕地不怕的无敌小金刚。

迎着朝阳，在春风依旧萧瑟的清晨里，女孩儿望见人来人往车流不息的街道对面，一个挺拔而略显熟悉的身影朝她奋力地挥着手。绿灯的时候随着行人渐渐走近。

"不记得我了吗，你一直叫我小豆芽。"

女孩儿笑了，时间轻轻一晃，便在少男少女的脸上刻下了时光的痕迹。

"好久不见。"

"要高考了，你，要考去哪里。我想跟你在一起。"

只是多转了一个角，超人的爱没有迟到。

其实你非不记得

石海燕

　　我和石小烁小时候分开过几年，从上小学到初中毕业一直都在一起，长大后又分开了。这是个炎热得连知了都不叫的夏天，我和石小烁已经有几年没见了。在一本杂志上看到一篇文章叫《我亲爱的逃兵》，读着读着就哭了起来，"我亲爱的、可爱的、挚爱的小烁，"忽然间我想起了我们在一起的好多事……

　　小时候，我是多么会惹事的一个小破孩儿啊，伶牙俐齿的，从来不肯吃一点儿亏。一到夏天，你就把小短袖脱了只穿一条短裤，村里的老嬷嬷说你身上没有一点儿肉，瘦得就像清朝末年抽大烟的那些"排骨精"。可你还很不害臊地光着身子满大街跑，我就跟在你屁股后面一边"排骨精、排骨精"地叫，一边使劲儿追你。每当这时你就会回过头来凶巴巴地冲我大吼："你再敢乱叫，小心我打你！"我可是逮着这个机会特意招惹你的，一听你生气了，心里便高兴起来，为自己的计谋得逞而露出巴不得被你追打的神情，摇着头说："那你来呀，来打我啊。"如果这个时候你脚底下有块石头或者有随手能拿起来砸人的东西，你都会毫不犹豫地抓起来，反过来追我。我立即转向，撒腿就跑，那种紧张的心情让我很满足很开心。

　　我们也有要好的时候，要好的时候就一起下象棋。可每回我输了都要耍赖，还经常趁你去上厕所或不留神，悄悄把已经被你吃掉的

"马""车"换到棋盘中来。可是这个卑劣的做法十回有八回被你发现，然后我就彻底地耍起无赖，超没棋品地踢翻棋盘！你很生气地伸出食指恶狠狠地指着我说："疯子！我再也不和你玩了。"看到你的手指离我那么近，我连忙往前一伸脑袋张开嘴巴一口咬过去，你的手指黑漆漆的，咬在嘴里一股咸味还有沙子磨舌头，脏死了，不知道你多久没洗手了。被我咬痛的你"哇"的一声大哭起来，我得意地哈哈大笑才松开口。

你两脚分开站着，咬着牙红着眼，双拳紧握，还不停地喘粗气，从鼻子里发出的愤怒声好像我们村里小三哥开的那辆摩托加油时的声音。我知道你要和我开战了，这是你准备攻击敌人时摆出来的架势，我会抢先跑过去对着你胡乱撕咬，亮出锋利的爪子。村里的老嬷嬷总说我和你那就是两大武林高手在对决，一个是欧阳锋，一个是梅超风。蛤蟆功VS九阴白骨爪。女孩子发育早些，我比你高，所以打起架来往往我占上风。

那时的我就是喜欢逗你玩，直到把你惹火了气冲冲地追着我打，才觉得是世界上第一开心的事。你追不到我，就在家门口蹲着等我，害我常常快到晚饭时间了还连家都不敢回。不过我总觉得这样好好玩，虽然好害怕被你追到，但是经常跑着跑着就忍不住哈哈大笑起来。你有没有觉得我神经很大条？

后来都不知道是谁给我们拍过一次照，那是我们少有的一张二人合影。画面真是太美好，枯黄的树叶像极了蝴蝶，落了一地。我想那是秋天吧，我们在广州梅园，广州好多街道都种着那种树。我们两个站在树下，难得一次两个人站在一块还那么安静，不打不闹。我眼睛瞟向你，那天你穿着衣服，没有露出身上那几根排骨，你很认真地看着相机镜头，眼睛都不敢眨一下。

可是你从来都不主动和我一起回忆这些。因为男孩子都比较麻木吗？你还记得广州植物园对面的升龙学校吗？当时我们都在那里读书，有回学校举办元旦演出，每个班级都要表演节目。你一个男生站在台上很认真地唱一首童谣："你看那边有一只小小花蝴蝶……"我在台下看得眼泪都笑出来了。倒不是你唱得难听，而是你居然化了妆——画了一个大红脸不说，还在额头上点了个小红点儿扮演小孩子。于是你又有了"红孩儿"的外号。后来轮到我们班演出了，我们在台上跳新疆舞，不知道你有没有像我笑你一样笑我傻。那些岁月，笑容和眼泪是一起燃烧着的。

我一直以为你从来都不关注我，从来都不愿意搭理我，甚至有点儿讨厌我。可是那天表演完节目后发生的那件事让我明白了我们早已融入了彼此的生命。那天放学后，我们一起背着书包回家。半路上几个外校的学生突然跑过来抢了我的书包，还把里面的书和文具全部丢在地上用脚踩。我哭着跑过去夺书包，你也跑过来帮我捡地上的书和文具。可是那些坏孩子又一边踢我的书包，一边扯我的头发。我仰着头张着大嘴巴号哭。你看到后丢开从地上捡起来的书，从背后取下自己的书包拧在手里咬着牙怒视那群坏孩子，只见你拿着书包发了疯似的砸向那几个学生。书包因为被你甩得太猛甩掉了，飞得老远。你又从地上抓起一把石头拼命追赶他们，他们吓得东分西散开了。

我坐在地上擦着鼻涕看你孤身一人奋战，以一敌五，真强大啊！你居然在最危险的一刻没有丢下我逃命，还帮我赶走了那帮坏人。再看你时，呀，你居然也害怕得在发抖，眼角还有泪痕。那个夕阳灿烂的下午，我和你手牵着手一路走回家。我很难忘记这段往事，因为你第一次做了我生命中的小英雄，让我在你的保护中拾得了一份珍贵的安全感。

我最害怕的是你十岁那年，有一次你受伤了。爸爸骑摩托车载我们去买凉茶。喝完凉茶，爸说了声"坐好了"车子就打了火慢慢开跑。你坐在我后面，也不知你的脚是怎么溜到车轮子里去的。你抓着我的肩膀"啊呜呜"地叫了起来，我回头看你痛得脸都涨红了。路边凉茶店的大妈对着我们大喊"孩子被车轮刮到脚跟了"，爸爸才反应过来熄了火。你的后脚跟被车轮打进去半圈，溢出好多血，我在血肉模糊中看到了白森森的骨头。

你马上被爸爸送到了医院，躺在白色病床上，你抬起脚跟，双手紧紧地揪着白分分的床单一个劲儿地哭。爸爸叫我看好你，然后慌慌张张地跑回家取钱去了。我一个人陪着你，因为没有大人在，钱也没有付，所以医生都不来给你包扎。我看着你的血不停地流，一阵阵胆战心惊。你半仰着头一直在哭，床单被染红了一大片，我抱起你的大腿高高地抬起来放在我的肩膀上，心想，菩萨保佑你可不能死啊！然后一边哭一边对着门口大呼："医生！医生！快来救救他！他流了好多血，快死了！医生……"

可能是我的大吼大叫起到了作用，医生起了怜悯之心，爸爸还没回来，他们就先带你拍了片。我紧紧地抓着你的手，它们冰凉得让我越发害怕和无助。那是我今生第一次知道什么叫作心疼，那种不是我本人肉体上的疼痛更加能刺激我的神经，它痛得那么真切，我多害怕你就这样离开了我啊。

现在你脚后跟那里还有一道疤。经过你受伤那件事，我就不爱和你打闹了，什么都让着你。后来又有一次，我们去游泳，我在水上漂着，看到你兴冲冲地跳进水里，然后很快地探出头爬上岸坐在地上，手捂着脚，膝盖有鲜血涌出来。你脸上的表情很痛苦，我连忙跑过去，看到鲜血汩汩流出来，吓得脸都发青了，奔着就去找大人。我不知道水里有什么利器，居然把你伤成那样，后来听说你膝盖附近的肉都被挖走了，换药时我再次看到了白森森的骨头，那感觉似乎是我心上的肉被挖走了一般。所以，你知道，我很爱你。

当你的身高超越我的时候，我们已经不吵架、不打架了。我总求你帮我做事。眼镜松了叫你弄，公交卡换卡套也找你，充话费让你当跑腿，鞋子坏了还叫你粘——你在大厅里看电视，我提着臭鞋走过去：L"帮我粘一下左边的鞋扣。"你很不耐烦地说："拿开！"我"哼"了句就把鞋子丢到垃圾桶里，气呼呼地跑去睡觉了。第二天醒来时，想到还要穿那双垃圾桶里的黑色小皮鞋，心中一片悲凉。从床上跳起来时，我看到那双小皮鞋规规整整地摆在拖鞋边上，穿上也不磨脚了，扣子粘得好牢固。那天穿着它走路，眼泪就一直在眼眶里打转。我不得不承认，男生就是要比女生强；你就是比我好，比我能干。

天黑了，我一个人走在路上，三个男人跟了过来，还边笑边叫我。我非常害怕，颤抖着从裤袋里掏出手机偷偷地发短信给你，然后加快步伐。几分钟后在车站牌转角的地方我看到了一个熟悉的身影，心一下子就宽了下来，看到你，我突然什么都不怕了，虽然我不知道你打不打得赢他们，但是我相信你一定会拼了命保护我，就像小时候突然变身奥特曼为我打跑小怪兽一样。

直到现在长大了，我才突然明白，你是多么害羞、文静、淡定、善良和包容的男生。这么多年来，你一定谦让了我许多，像我这种喜怒无常的毒舌妇真的是很难相处。十九年了，第一次这样含情脉脉地写东西给你。突然想告诉你，我特别特别爱你！

我们现在很难有机会见上一面了，我经常想念你，你第一次被我打哭，第一次和我一起上学校，第一次帮我打坏人，第一次帮我粘鞋子，第一次叫我帮你写情书……我就像大海，把有关你的往事像收集雨滴一般一一装进心里。

你也一定很爱我，是不是？只是你从来都不说出来。在你心里，我永远是你最亲爱的姐姐，对不对？

浅蓝回忆

　　有点儿泛红的阳光透过车窗射进来。苏凌面朝阳光，看着蔚蓝的天空，却感到时光微冷。他回头看了这个小镇一眼，从南到北。榕树下星星点点的光斑，幽静的小路，小镇的瓦屋……坐在开往城市的校车里，他现在只能看着路边一排排向后倒的树……

十　年

蒋一初

1. 我为什么不快乐

我从正在关闭的大门门缝钻了出去，身后是门卫大吼的声音："回来！你给我回来！"我的身子一侧，消失在巷子里。脚步不停笑到出声："哈哈，哈哈哈……"身边的人都惊异地看着我，很明显，这不是高中生的放学时间。

刚刚那节课是体育课，我不想上，背着书包就想逃课，门卫却不让我出去。不让我出去？那我就等！终于等到有车子进学校，大门开了，我就冲出去了。只是当我大笑的时候，我知道我不快乐。或者说，在此之前我不快乐，看到门卫气得跳脚我才高兴，这种快乐近乎扭曲。

马上就要期末考试了，这是分科后的第二次大考。第一次大考找定位，第二次大考就要进步了，为此我很害怕。我整天复习——背书、看笔记甚至抄课本，我只是想考好，不想再让任何人怀疑我的学习态度。前些天同桌借给我一本安妮宝贝的小说，我翻了翻，一个章节都没有看完我就还给她了，我想现在的我耽误不起时间。

压力，很大的压力让我每天夜里都要醒一两次。

我讨厌这样的生活，所以我不快乐。

下午去上学的时候很怕门卫拉住我不让我进去，然后移交给班主任。我还是怕的，什么都怕，我不知道自己什么时候养成了这样懦弱的性子。当我踏进校门，门卫恪尽职守地拦住了要进学校的外单位车辆，我悄悄地呼出了一口气，终于安全了。我的小心思有很多，想翻云覆雨、翻天覆地，但是这些都是想想而已。就像刚才，我怕得像个孙子。

我不知道自己为什么不快乐，也不知道如何才能快乐。如果是因为学习，那么我想我并不是个爱学习的人，但也绝对不会讨厌学习。至少我开始努力了，有那么一点点进步了，这些都是好事情，但我还是不快乐。

2．做一个疯狂的人

晚自习我在前桌男生的帽子上画了一朵花，被他发现了，他以为是同桌画上去了，对着同桌一顿骂，我忍着要出声的笑意。同桌很郁闷地问我，为什么每次我做的坏事那个男生都会怀疑到她头上。我说："因为你看上去像坏人。"

我喜欢做这种偷偷摸摸的恶作剧。比如说，把同学的鞋带绑在桌腿上；假装无意地在同学后背上画画；每天都去学校小卖部问羊奶多少钱……我想做个疯狂的人，但是我不敢不做作业，也不敢打电话给教育局举报学校补课。我在用自己所谓疯狂的方式来填满青春的空白，我害怕哪一天我长大了，却什么也没有做。

很喜欢李宇春的《再不疯狂我们就老了》，我不怕时光的残忍飞逝，我只是不愿留下遗憾。

我不是个优秀的人，学习不拔尖、唱歌总跑调、画个菊花别人说是向日葵、写个稿子还总担心它过不了……可是我并不觉得自己一无是处，现在的我充其量是一无所有。一无是处的人一定一无所有，有满身才华但一无所有的人不会贫穷一辈子。等到我成功的时候顾虑就会多了吧，那么像今天这样有点儿疯狂、有点儿猥琐的举动，是再也做不出来了吧。

我找到了疯狂的理由，但是别人无视我的理由，封我为疯子。

3. 圆锥曲线和导数

每个礼拜五回家，地妞都会找我聊天。前天晚上我看到"小博"的过稿名单上有我的名字很是兴奋，随即却收到了地妞的消息：你们应该学到导数了吧？他成功地给我泼了盆凉水，上次导数考试我没能及格。"是啊是啊"我们都学完了，地妞发了一个很傲娇的表情：这速度。

我一下子没了心情，关掉了"小博"的空间。地妞的数学是能排前十的，我数学没及格还有什么资格在这里沾沾自喜？圆锥曲线和导数很重要，但是两个部分的考试我都没有及格，因为考试考得麻木了，所以发试卷的时候没什么感觉。但是地妞一说，我就难受了。他以前学习可比我差不少，现在变得这么厉害，我有些无地自容了。

数学一向是我的硬伤，平面向量、三角函数、数列，一碰就死，题目都不用看的，保准做不来。我这人有别人很少有的两个优点：第一是皮厚，第二是嘴硬。考得再差都不会难过，都不会对自己失望。总觉得我付出了老天爷就一定会给我回报，只是时间长短的问题。我最富有的就是耐心了，"小博"的稿投了一年我都没怎么着急过。

我说我数学肯定能学好。地妞说："那是必须的啊，你是谁啊，你能是正常人吗？！不能啊！"这就是死党，敢损你敢阴你，但是最维护你最支持你。

圆锥曲线和导数算什么？三角函数和数列算什么？立体几何和向量算什么？我通通拿下你们！这是必需的！我是谁啊？我能是正常人吗？不能啊！

4．十年以后

　　我很喜欢《职来职往》这档节目，刘同是我最欣赏的达人。说话犀利有内涵，做事干练有魄力。刘同说，现在做的一切，就是要让十年以后的自己感谢现在的自己。听者泪流满面，这不是一个明确的目标，却是一个坚定的过程。

　　我现在的压力与不快乐是因为要考大学；我现在的疯狂是因为要填充青春；我现在学的圆锥曲线和导数是因为要显得比别人有文化；我现在做的一切，都是因为要让十年以后的自己感谢现在的自己。我很庆幸自己听到了刘同的这番话，让我对自己所做的一切都不抱怨、不后悔，而且会更加积极地面对。

　　十年后的自己会是什么样子？恍惚间想到《蓝色大门》里的一句话：三年、五年，甚至更久更久以后，我们会变成什么样的大人呢？是体育老师？还是我妈？

　　我们会变成自己想要成为的自己，不辜负这段好时光。

043

浅蓝回忆

"混蛋"少年

邵猫猫

其实并不是多么新鲜的故事，我相信你们的生活里也时常发生。我只是想纪念和缅怀，十五岁时那份干净纯真的喜欢。

1

直到现在我都清晰地记得初见你的那天，苏祁。

彼时是晴空万里日光倾城的夏天。学校的林荫道两旁是高大郁葱的树木，巨大的树冠投射下一片清凉的阴影。

中午放学后我匆匆忙忙收拾好书包从教学楼出来，刺目的阳光让我的眼睛不太适应，下意识用手挡起来。然后在双手组成的小伞下，我看到你的身影。

当时你就站在最尽头的那棵树下，好像在等人。你穿着简单的白T牛仔裤，身材清瘦。

阳光透过树叶间的缝隙星星点点洒在你身上，于是我眼里的你，像魔法一样的，头发、侧脸，身上都散发着似有若无的、钻石一样的光芒。那一瞬间时间都停止了，世界只剩下你一个，我在这端望着你。这是你不知道的。

直到后来看了《暮光之城》，里面有一个片段：爱德华把贝拉背上山顶，让自己暴露在阳光下，全身都像钻石一样闪闪发光。看到这里我突然哭了。我想我了解贝拉的心情。

苏祁，你知道吗，那天的你，在我心里有多美好。

You are beautiful.

2

或许是被初见的美好蛊惑，我想我是喜欢你了。

瞧，我是不是个傻瓜，只见你的一个侧影就悠悠地沦陷。可当时我都不知道你叫什么，在几年几班，你的性格星座……我不知道你的一切。于是每天纠结万分。直到有天晚上放学后看到马路对面的你，我努力压抑住内心的喜悦，在后面偷偷跟着你，像做贼一样心虚。然后我才知道，原来我们竟然住同一个小区！只是我每次回家走第一个路口，而你则在下一个路口才转弯。所以，从来没有相遇，多遗憾。

然而心里好像开了一朵花，原来我们离得这么近。不知道张爱玲说出那句"噢，原来你也在这里"时是什么心情，会不会也是这样喜忧参半？

那之后我便改变了回家的路线，只是想和你走同样的路，会不会离你更近一点儿。后来高中三年，也一直固执地走那条路。

3

其实我从来未想过表白，觉得像这样默默地看着你，就很足够了。喜欢一个人，会因此而变得很自卑，很自卑。

如果不是那天CC告诉我她打听到你的情况了，我可能会把这个秘密一直埋在心底吧。她说你叫苏祁，是高三文科班的，学习不好，算是个不良少年……

我已经没了要听的心思，我心里乱急了。我早就该想到的不是吗？你是高三的，而那时已经临近高考，马上你就要离开了，马上我就再也见不到你了！我被焦急搞得昏了头，想到连看着你的机会都快没有了，我就忘掉了女生所有的矜持，于是我决定表白了。

我用了最老土的方式：写情书。没有长篇大论、没有细细描述，我只是在一张素净的纸上认认真真写下一句话：山有木兮木有枝。没有署名，我只想让你知道有一个女生，很喜欢你。然后拜托死党CC和小媛帮我递给你。

现在想想我当时真的矫情透了，也文绉绉过头了。但我一直有一种感觉，你一定会知道后面的一句，以及我细密柔软的小心思。

心悦君兮君不知。

4

我以为此便是落幕，我的感情也会在巨大的遗憾和悲伤里画上句号。毕竟，我们隔得太远。

那晚回家我没看见你的身影，独自低着头慢慢走，眼泪一滴一滴落下，模糊了视线。

到小区门口要进去的时候，突然感觉手臂被拉住。我错愕地回头，便撞上了你的视线。那一刻我大脑一片空白，反应过来后只有一个念想：逃！可你紧紧抓着我，另一只手撑着我身后的墙。我吓坏了，不敢抬头看你。

过了会儿听见你轻轻一笑，说："你喜欢我啊，小姑娘？"

我惊讶地盯着你，你嘴角勾出一抹坏坏的笑。你放开我的手，从裤兜里掏出我的信晃了晃，一副了然于胸的样子。我突然感到莫大的屈辱，那种秘密被人公布于众的屈辱。我伸手去夺信，你却灵敏地躲开，说："这是我的了。"

我完全方寸大乱，你肯定把我当笑话看的吧，不然为什么笑得那么开心。可你又止住笑，手指轻轻抹掉我脸上未干的泪，小声说，别哭了。你的动作和语气温柔得让我不可置信，简直要融化了我的心。

可我还是趁机从你臂弯下逃走了，小声骂了句"混蛋"就跑开了。

到家之后我忙钻进了卧室，坐在床上喘气。用手捏了捏发烫的脸颊，才确定刚才不是做梦。我鼻尖好像还有你身上淡淡的烟草味，你的声音怎么那么好听，还有你可真高啊，我要仰头才能看你……我把头埋进枕头，心里乱作一团。

你这算什么呢？

5

第二天上课的时候我在手机上输入一串号码，那是你的。其实CC那天把你的手机号都告诉我了。我盯着那十一个数字看，一不小心按了通话键，又慌忙挂掉。

可一会儿就有短信了，是你！我咽了口唾沫才点击阅读。你说："小姑娘，我就知道是你。昨晚没吓到你吧，以后再见到我别再跑了，我又不吃人。"

我反反复复看了几十遍，最终没有回一个字。可晚上看到你后又很没出息地跑了。

后来你问我："杨沫沫你害怕我什么呢？"

我回答不出，你就不再问，默默地抽着烟。

我们有时会通一些短信，我总是在删除和重写间纠结，不知该说什么。而你总是说一些模棱两可的话，让我有期待又不确定，也不知道你哪句是真的。她们都劝我放弃。那段时间我一直在听杨丞琳的《暧昧》——

暧昧让人受尽委屈，找不到相爱的证据。是的，她们都觉得你不值得我付出。

而后就是高三毕业，高考，时光匆匆流过。

你考得并不好，但你好像满不在乎的样子，每天和那帮哥们儿去KTV，喝酒，上网，总之无所事事，时间一抓一大把。而我依然沉默着，每天走相同的路，听重复的歌。我们就像两条线，只交叉了一瞬间，然后渐行渐远。

6

在我以为我们再无交集之后，你突然给我发了条短信。

当时因为中考全体放假，晚上我在家看电视，短信里你说，在广场台阶那儿等我。你从来都是这么霸道。我慌乱地梳了下头发，对我妈编了个借口就跑下去了。

当我坐在台阶上看着你骑单车过来时，突然意识到我多想你。

你停在我面前，左脚点地，让我上来，那姿势真的帅爆了。我没有一丝犹豫地跳上后座，想着你带我去哪里我都会义无反顾跟着，即便是万劫不复。

现在我回想起当时的情景，都会不自觉流下眼泪。那天飞驰的单车上，少年和少女各怀心事，夏夜的晚风夹杂着你的气息扑面而来，你飘扬的衣摆，我轻轻地独白，还有绵延了一整个夏天的心跳声。

那场景太多美好，美好到我不敢去回头张望。

你骑着单车带我从长街这头到那头，然后我们慢慢往回走。你一手推着车，一手轻轻地小心翼翼地拉起我的右手。你不知道，那是我度过的最美丽的一个夏夜。

你说："杨沫沫，其实在你写信之前我就见过你，知道其实我们是邻居。"

你说："我也知道你每天偷偷跟着我。可我不但不厌烦还很享受。"

你说："杨沫沫你比我小整整三年。"

你说："其实我……"

然后到我家了，我等着你说完，你却只是笑了笑，伸手揉揉我的头发，让我快回家。我看着你欲言又止的样子，欲言又止。转身说了句"再见"就上去了。我在阳台看见你在下面抽了一支烟才回去，心里想你没说完的话是什么。

7

其实，我早就预感到有些事总要发生，就像你的离开，只是我没想到会让我这么猝不及防。你人间蒸发般，手机打不通，于是失去了联络。

我感觉好累，连哭的力气都没有了。但生活还是要过，我每天埋头学习，逼自己不去想你。

有一天有人在教室外叫我，我出去一看，是两个头发染成黄色穿着另类的男生，其中一个递给我一封信和一个盒子，说是苏祁留给我的。我追问他们你的下落，可他们说让我看信就明白了。

我回到座位上打开了盒子，是一副耳机。白色的，没有过多点缀，却让人舒服。而后我终于还是下定决心打开那封信，你的字苍劲有力。

沫沫：

原谅我的离开，没有和你告别。

记得你说过我是混蛋，呵呵，其实也没错。我见过形形色色的女生，和你不一样，你太单纯了，不会心机不会算计，喜欢一个人就固执地喜欢着。我不知道该拿你怎么办，一开始只是觉得新鲜，可我发现我越来越喜欢和你在一起。倔强单纯的你。

其实你那晚在后座说的话我听见了。你说苏祁我喜欢你。你那么轻的语气，却飘进我的耳朵，落进我的心里。我想说，我也喜欢你。可我不想伤害你，所以就趁我们都没有陷得很深，早点儿了断。你要过幸福的、平静的生活，可我给不了。很多事情你会明白的。

总有一天，你会忘了我，就像一首不再唱的歌。再见，亲爱的女孩儿。

苏祁

8

苏祁，你不知道我有多喜欢"混蛋"的生活方式，不虚伪不做作。所以不要让我忘了你，我会一直很怀念，混蛋一样的少年。

自从你走后，我再也没有像那样喜欢过一个人。再也没有。回望当初，我的十五岁被定格在那个夏天，那些盛开在年华里的苦涩和甜蜜，连同那时的你我，都如呼啸而过的一场海啸，再也回不去了。

经不住似水流年，逃不过此间少年。

我与杨逸尔的战争

牧小尔

我一直觉得我上辈子如果是个男的，我一定负过杨逸尔，不然，她也不会这样与我过不去。我们之间的战争总是以她胜利告终。

"杨沐尔，你竟然偷藏私房钱买手机，我要告诉妈妈。"当这话从杨逸尔口中说出时，我知道，我这四个月好不容易攒下来的五百八十块钱保不住了。

当杨林氏一边说教一边刷刷地数着我那五分之一个 iphone 时，杨逸尔正在后面幸灾乐祸，怒气即刻蹿起来，但我并没有立马磨刀霍霍，因为我知道在妈妈面前有理的永远是她。

像这类事数不胜数。天杀的杨逸尔真的每次都能轻而易举地找到我的把柄，再好好地摆我一道。

接过一张一张的试卷，我想死的心都有了！

高一的日子就是这样不好过，一天十节课，课堂上布置的作业不说，要回家了还再来四张试卷。多少次想把这些试卷通通扔还给老师，让他自己写写试试。才高一，就弄得跟高三似的，我们又不是机器人，装个马达就能噔噔噔噔一天不歇。脑子转久了会混乱的，说不定到高考那天就神经错乱了。

"杨沐尔，你嘟囔什么呢，全班数你成绩最差，就你嘟囔，有意见是吧，出去给我跑四圈。"

……

一圈，二圈，三圈，四圈……哈哈，臭老班，你这招体罚在我身上已经不管用了。压抑了一整天，心情似乎就在这一刻得到宣泄。

"语文94，数学49，杨逸尔，你看看你这成绩，已经高三了啊，这时候可是关键时刻……"

杨逸尔？是杨逸尔！

"我这周会打电话去你家，你做好准备吧！"

"别啊，老师，我会努力的……"

"不行！"

哈哈，杨逸尔，你也有今天！我与杨逸尔的战争从此出现了转机。

暴风雨来得如此之快，让人措手不及。

杨逸尔在短短三天里，先是被妈妈骂，再被爸爸说教，然后是爷爷……家里因为这件事变了许多，变得冷清，变得毫无生气。也是，杨逸尔的成绩一直那么好，几乎是只升不降，自然是家里的希望，这突然一滑，当然该来些轰动。

杨先生和杨林氏不再像以前那样动不动来个相声，斗个嘴，唠唠嗑。

杨逸尔也变了，不再像以前那样找我茬儿，也没有因为她的成绩整天郁郁寡欢，因为我看见待在房子里的她看手机看得不亦乐乎。当然，我不知道她在看什么。

战争在平息，而我，并没有因此而开心，反而怀念以前我们针锋相对的日子。

我无法表达当我看到杨逸尔挽着张俊航的手走在香樟树下时的感受——她恋爱了。我没有告诉家里任何一个人。不仅是为了家里的和平，更是为了杨逸尔。我要跟她谈谈，虽然她已经对我爱理不理一个多月了。

当妈妈做完早餐再马不停蹄赶去上班时，杨逸尔刚刷完牙。

"你谈恋爱了，对不对？"

她很镇定，还多了一种她不该有的痞："是啊，怎样？你告诉妈妈去啊！"

我没有再说什么，回到客厅继续看电视。

我永远记得那个下午，当我正睡着午觉梦着和杨逸尔十年后的样子时，杨林氏的声音如晴空霹雳，劈醒了我，"杨逸尔，你小小年纪不学好！"

杨林氏亲眼看到杨逸尔和张俊航在一起了。

……

杨逸尔在高考前一百五十二天辍学了。她坚持要去深圳，因为张俊航已经辍学去了深圳。

杨林氏气得犯了高血压，杨先生难过得老花眼。无论怎样我们都没有留住杨逸尔，她还是去了深圳。

上次月考，我的成绩降了很多很多。第二次好不容易升上去了，这次又被打回原形。是我太笨吗？我读不了大学的。

"杨逸尔，我不想读书了。"我给杨逸尔发了短信。

不一会儿她便回了，"妹，别这样，现在我已经后悔了，爱情跟我想的不一样，我付出的太多了……"

我与杨逸尔的战争结束，没有胜者……杨逸尔，你快回来吧！

明 日 有 考

亦青舒

11月，这个南方的小镇开始一点点儿地冷起来，铅灰色的云大朵大朵地铺满了整个天空。渐渐变短的白昼被课程表填得更加拥挤，而夜晚已经变得足够深长。在夜里埋头写摊开的大本题集，可以看见桌前装着热水的奶白色杯口袅袅地冒着热气。

今早出门由于比往常晚了五分钟而有些慌张和莫名的烦乱，动作重得把杯子脸盆弄得乒乓响，推着单车走出院子，车子后座又狠狠磕在大门上。才想起没戴校牌又急急地转身去取。被吵醒的妈妈一脸倦容从楼梯上下来，将校牌递给我，口里开始絮絮叨叨地讲："说了让你不要熬夜，不要熬夜……睡过头就急，做事又没有条理……都上高中的女孩子了……"

自然是没有理她的，伸手把大门拽上，最后一句话顽强从门缝里挤出来追上我的耳朵："哎，我说——明天就要期中考了吧——"

升旗仪式完毕之后，黑压压的一群人站在操场上听校长宣布本周事宜，气氛压抑沉重得像天上黑压压的云朵。我看看灰霾的白昼，不知道这样的季节什么时候才会过去。

"对于明天的期中考，我在这里对同学们有以下几点要求……"

因为冷，忍不住把双手放进灰色绒衣的口袋里，漫不经心地听，只觉得那声音忽远忽近还漂浮不定。抬头侧转正遇上子沐的目光，我轻轻地笑起来。他迅速把脸转过去，手握成拳遮着牙白色的笑容。

解散之后我朝他走过去，两个人一前一后地走回教室的路上，彼此没有话要说，而周围是涌如潮状的人群。快到教室的时候我忽然开了口："那么……就这样说好了？"他会意，淡淡地说："我怕你考不过我。"我笑着瞪了他一眼。

于是他从后门走进了教室，我走的则是前门。在座位上坐定之后我扭头无声地对他说了三个字，口形一张一合。

"才，不，会。"

他露出牙白色的笑容。

方才回过头来，翻开语文书背诵苏轼的《赤壁赋》。有忍也忍不住的笑意，以及说不出缘由的安心。

上午，由于是文科班的缘故所有的课程都排成了自习用来背诵要点，除了班主任的。他确实没有办法像其他任课老师那样气定神闲地对我们说"自己去看看吧"——数学老师的身份以及天生高度的责任心不允许他这样做。所以他抓紧最后一节课拿了粉笔在黑板上讲了一个关于根的分布的专题。依旧是严谨且整齐的板书，从左上角开始，由概念讲及四个例题，归纳总结后，在右下角画上了最后一个句号。其间他点名让我回答了一个不算太难的问题，语气温和且循循善诱——他是迄今为止我最喜欢的数学老师，从未难为我。虽然我数学不好已经是众人皆知的事实。

在离下课只剩半分钟的时刻，我终于可以停笔注视他站在讲台上作最后的耳提面命。班主任的课的确上得很不错，逻辑清晰且思路缜密，丝丝入扣的公式代入求值，连演算步骤都如同行云流水的风景。

经历弃理从文的选择之后，终于努力平息下自幼以来对数学的反感，从而开始以某种校为容忍的态度相待。下楼时正想起六年级对于一场数学考试何其咬牙切齿地痛恨，不留神却被班主任拍了拍肩膀："顾影近来上课状态比以前好很多了嘛……要努力才好。明天就期中考了，不要太紧张，不会有问题的……"

我目送他离去的背影，再端详右肩那块灰白色的印迹，心生暖意，唯觉感激，竟不舍拍去。年幼的固执偏激，就此渐渐释怀。我想人总是要一步步往前走，所以并无绝对的喜好与憎恶。倘若不能坦然面对自己的过往，平静审视自己的当下，又谈何成长以遇见更好的自己。

下午，买了新的腕表、新的铅笔和新的橡皮。在历史自习课上众人的读书情绪愈发高涨，读书声交错磅礴如一曲恢宏交响。"新航路的开辟""第二次工业革命""社会主义经济体制改革"……诸如此类的词语像随手撒下的黄豆那样蹦跶地跳进我的耳朵里。我趴在桌子上把铅笔的棱角磨去，再把橡皮擦出圆润的边沿。感觉自己被这一曲交响托起送到了一座孤岛上。

习惯于在嘈杂里保持安静以听见自己内心的声音，在一个人的安静里寻找自己心里的澄澈清明。我一直相信的是，只有看见方向才不会徒劳彷徨，每一场积蓄的力量才能做到有的放矢。我坐在窗口静静地翻着笔记大纲，窗外的梧桐在风里微微摇晃，满树的叶子簌簌作响，如同在跳起一支静默又隐忍的舞蹈。这个深秋的傍晚忽然下起一场细密的秋雨，阴冷的寒意顺着领口灌进来，禁不得同桌女生哀怜叫冷，我只好起身关窗。

蓦然看见母亲撑着一把青色的伞站在树下，怀里还捂着一只米色针织的衣物袋。她站得像是深秋里一株梧桐树，额角细细的痕纹让我在这一刻看见岁月在她脸上留下怎样清晰的吻痕，又给予她怎样一副对生活里种种充满宽容与默许的姿态。

想要在心里小声地喊一句"妈妈"，眼里隐隐有泪要淌出。

晚自修结束的前二十分钟被用作安排考场，于是我抱着三本厚得堪比砖头的字典，肩扛了装得满满的书包，非常不弱女子地蹿下了五楼。夜色里我推着自行车，回首看了看那座夜幕里沉默又明亮的教学楼。三十几个教室被近两百盏白炽灯充盈得明晃晃，在黑暗里亮得像一盏巨大的灯塔。

我安静地望着它，并明晓自己十六岁的青春是这盏灯塔里的一束光——以试卷为棉芯，以课本为烛油，以艰苦卓绝为烛台，以绵延不断的梦想为火种——安静地穿过无数场考试，无数次挫折与心酸，无数段黑暗无关的迷惘，无数个布满铅灰云朵的阴天，笔直地射向未来——不怀疑，不慌张，不盲目。

手机屏幕在夜色里闪烁起来，是他的短信："说好的。你考了三次第一，我们就同桌。我不会让你的。晚安。"我轻轻地笑起来。

我听见远处的人声嘈杂，由于距离遥远而模糊得像潮水一样不真切。身旁有三三两两的单车经过，一样年轻的脸孔，一样好的年纪，并不会因为一次期中考而改变什么。我忍不住地开始希望，每场青春，都是每次考试里可以依旧骄傲的胜利。

月光洒下来，温柔亲切。我的焦灼难言，我的迷惘不定，在这一刻，都平息了，柔软了，宁静了。

057

谢谢你们，一直在我身边。

这不过是一场考试。我这样对自己说，奋力蹬下脚踏板，骑在有月光洒落的回家路上。

明日有考。

浅 蓝 回 忆

黄晓晴

当苏凌拎着行李，伴着耳机里《英雄交响曲》的节奏，悲壮地踏上黄色校车时，他已有随时"为书捐躯"的心理准备。

听老前辈说，三年的付出不一定有回报，拼搏不一定能考上理想的大学，但依然要努力。他们说这话时，像极了少林寺的老和尚，看破红尘，藐视一切。

苏凌还来不及憧憬高中生活，他的左耳机就被狠狠地拔掉了。"什么歌呀？"楠楠边问边将耳机塞进自己的右耳，"Beyond 的《冷雨夜》！呵呵，现在阳光明媚呢！"楠楠向他抛来嫌弃的眼神。

苏凌微微一笑，什么也没说。其实他心里清楚，楠楠是想逗他笑，只不过她的幽默向来使他无语。

相识的三年时光，说长不长，说短不短，足够让他们了解、信任彼此。就像三年前，他们在茫茫人海中相遇一样，不早一步，也不晚一步。

有点儿泛红的阳光透过车窗射进来。苏凌面朝阳光，看着蔚蓝的天空，却感到时光微冷。他回头看了这个小镇一眼，从南到北。榕树下星星点点的光斑，幽静的小路，小镇的瓦屋……坐在开往城市的校车里，他现在只能看着路边一排排向后倒的树……

学校总是朝令夕改，计划赶不上变化。不过，"禁止恋爱"这条禁令倒是从未更名，还拟出"抛弃七情六欲，立地成仙成佛"的宣传标语。

　　这条禁令，也是老班唠叨得最频繁的——"有些同学，打水时非得两个人一路卿卿我我地去，又一路卿卿我我地回来；有些同学呀，趁着夜宵时间去暗角约会，你以为天黑没人看见啊？还有些同学哟，回宿舍非得黏着一块走，黏到宿舍楼下还恋恋不舍缠缠绵绵藕断丝连！不要太明显了，低调，再低调！"据说后来，老班还使出"重点突击，各个击破"的神招，至于效果如何有待情侣透露。

　　话说老班当众点名，将他所知道的情侣都数落一通后，每个人的大脑都长出一根对"恋爱"十分敏感的神经，哪怕你真的跟"恋爱"不沾边。楠楠就是很好的例子，虽然她确实没跟苏凌恋爱，但是他们感情太好，难免遭人怀疑。

　　不过苏凌倒是很淡定，他不在意那些闲言碎语，也理解楠楠所做的一切。那次，他和楠楠碰巧都在饮水机打水。楠楠打完水后匆匆走开，没等苏凌。苏凌抬头看时，发现老班正朝饮水机走来。他这才恍然大悟，难怪那丫头不允许他帮她打水、带夜宵……

　　不得不说，他们为高考绸缪得真多……

　　苏凌忘了这是第几次，看着楠楠趴在书桌上哭。

　　苏凌喝了一口热茶，望向窗外，外面是苍茫的天。冬天的阳光总是淡淡的，还带了点儿莫名其妙的伤感。苏凌缓缓地收回视线，环视空荡荡的教室，感到一种从未有过的空虚。眼前这个陪他嘻哈了近六年的女孩子，更让他感到苍茫。

　　他走到她身边，将他的外套披到她身上："知道吗？冬天哭容易感冒的。"其实他知道，是什么委屈让她这么难受。她很努力了，只是成绩不拔尖，一直得不到老师的肯定。

　　到底该如何安慰？不知道。与其看着她不快乐，不如让她哭出心中的不快。

很多难以言说的委屈，楠楠都选择了默默地承受。这些不美好，交给岁月去冲淡。从今以后，他都不会问，她也不会说。

高三了。有人说，成绩是最好的代言，最低调的炫耀。苏凌一笑而过，他拥有漂亮的成绩，却不喜欢这句话。有些人，一考完试就急着对答案、探听成绩、揪心排名。苏凌不是觉得这样做不好，只是觉得会很疲惫吧。

每次放假，苏凌都会等楠楠，然后一起去搭校车，一路聊着回家。这时候楠楠会向苏凌发布最新资讯，其中大都源于女生宿舍的八卦。

"哎，你知道吗……"

"不知道。说！"每次楠楠问"你知道吗"的时候，苏凌总是习惯性地打断。

"小鱼喜欢雯雯！"

"哦，何出此言？"苏凌摆出一副很想知道很配合的样子。

"小鱼常给雯雯送吃送喝的，还四处打听雯雯的鞋码。就在昨天，一双合脚的运动鞋快递过来了！上次雯雯发烧，他比谁都急，到处找药！上上次雯雯生日时，他给她送了个变色杯，一倒入开水就浮现他俩的合照。换作是我，肯定感动死！"

"死了没？"

"又不是我！"

"我记得我也给某人买过吃的喝的，怎么就还没感动死呢！"苏凌特意把"死"字念得很重很重。

楠楠很鄙夷地盯着苏凌："那是我自己付的钱！"

"说的也是……"苏凌不得已露出招牌笑容，挡住她射来的想打架的目光。

苏凌边笑边看着眼前这个野丫头，怎么说呢，自己确实没给她多少很美好很感动的回忆。默默地陪伴、默默地支持……他还是习惯"默默地"。

　　高考后，两张通知书划开了六年来未曾有过的距离。

　　那是香港与广州的距离。

　　苏凌第一次给楠楠打电话时，两人还是说得天南地北。后来的忙碌让彼此都忘了联系。之后打电话时，楠楠都会习惯性地问"有事吗"。苏凌没有感伤距离带来的变化，哪怕电话似乎变成只在有事时打，节日问候的短信似乎是群发的。这都无关紧要，只要彼此都好好过、过得好就行。

　　"我会怀念我们的过去，想想也挺美好的。那你呢？"

　　"我回忆你时，脑海总浮现你开心时哈哈大笑的样子。那你呢？"

　　"去看海那天，海是浅蓝色的。我还记得，天空也是浅蓝色的。最后你说，回忆也是浅蓝色的。我都记得呢。那你呢？"

　　……

　　苏凌最终没把那三段话发给楠楠。因为——

　　楠楠已经抢先一步，发给他几近一样的话……

少年的朱砂泪

洪衣宸

"我喜欢的少年，拥有这世界上最好看的侧脸。"她低头，一笔一画地抄下这句话。"少年"两个字写得格外好看。

合上笔记本，盯着图书馆借来的那本《忽而今夏》的封面，可真是唯美啊。

她想起莫小扬说："你的字很漂亮啊，很干净，很舒服。"

推开窗户，记忆里少年的脸映在玻璃窗上，含着笑，很干净，很舒服。

把那盆歪倒的芦荟扶正，吐着碧丝的叶上挂着清澈的露珠，亮晶晶的，每一颗都闪着他的笑容，很干净，很舒服。

闭上眼，少年的脸一点点清晰地将每一抹轮廓重现，很干净，很舒服。

睡梦中，少年在暖阳里朝她走过来，笑得很干净，很舒服。

她记得那时候，少年拍着她的肩，笑着说："我们要做这世上最好的好兄弟。"

发现少年有一颗朱砂痣是在很久以后。

少年把刘海儿修短，凑近时，她看到那粒淡淡的、红褐色的朱砂痣。

陆明宇的左眼眼角有一枚米粒大小的朱砂痣。

百度百科说，在眼角下方如有一枚褐色浅痣，那就是泪痣。它会因为生命中的爱而生长，会发芽、成长，最后枯竭，像那盆芦荟一样。

"我喜欢的少年，拥有着世界上最好看的朱砂泪。"她想着，一字一顿地写，额角的碎发耷拉下来。

写累了，将墨笔搁下，用浅蓝色的橡皮圈将长发束成一撮细马尾。

她想起初中时自己一直蓄着短发，直到有一天，她做了新发型，接了一头长发，披着走进教室。

少年惊讶地说："你留长发多好看呀。"

她笑，从此将头发留长，虽然还是感觉利落的短发更适合自己。

盯着镜子中的自己，长长的刘海儿、齐腰的马尾乌黑亮眼。如果右眼眼角还有一粒泪痣就完美了，她偷偷地想。

情侣痣啊，不知道有多般配呢。

少年和她并肩走在街道上。她说："陆明宇，你去不去学跆拳道？"

少年瞪大眼睛，撇嘴："跆拳道有什么好的，一点儿也不实用。"

她白眼翻他："可以打架多帅啊。"

少年水灵的眼珠滴溜溜地转："我小时候学过很久。"

"喂，我是真的，真的学过的哦。"少年突然很认真地看她，生怕她不相信。

"嗯，那你是什么带？"

"我是什么带？……我，我是紫带。"他低头想了又想，严肃地说。

她扑哧地笑开了。少年急忙说："你别不信，我真的是紫带。"

"好，你是紫菜，你最厉害。"看少年终于满意地点头，摇动的泪痣显得无辜和委屈。

真是幼稚啊，紫带和紫菜都分不清。

她固执地笑，真是可爱，以为道带的颜色会和彩虹一样美么。

可是哪里有紫带呢?

"他笑起来真好看,那颗泪痣一动一动的,可爱极了。哦,他还说,开学以后要骑车载我上学……"她想象着少年穿着白衬衫在前座笑着,轻轻地蹬着脚蹬。

而她扶着少年的腰,在后座想着他一动一动的泪痣。

终于,少年背着厚重的书包,推车走来说:"我带你。"

少年骑了两米,她抱着少年厚重的黑皮书包人仰马翻地趴在斑马线上,车子倒在马路中央。

她先少年一步爬起来,拍着裤脚的灰,拎起摔得惨兮兮的绿背包,好笑地看着他,居高临下。

"陆明宇,你的车技也太烂了点儿吧。"

"那是因为车座太低了,我调高些。"少年不好意思地辩解,她惊讶地发现,那颗泪痣,好像在微笑。

同学聚会,八男一女,因为他在,恰好她是那个女。

女声伴唱由她全权负责。男同胞们总爱点汪峰的歌,她不耐烦地吼了两小时,口干舌燥。她发现自己嗓子哑了。

终于轮到少年唱,她怔怔地看着,直到伴奏响起来才发现,竟然是《小情歌》。

竟然是《小情歌》啊,她听过的,会哼但不会唱。

她只好拿着话筒,傻傻地听着。

少年的声音是那种很有磁性的,很美好的男声,《小情歌》又是清新风。

她暗暗记在心里,把苏打绿的每一首歌下载进了MP4,上课听、坐车听、吃饭听。

她觉得她很喜欢那句:"我想我很快乐,当有你的温热。"尤其在少年唱过以后。

她下决心,下一次一定要和少年并肩拿着话筒,一起唱《小情歌》。

那个时候,他的泪痣一定也在笑。

她偷偷地,偷偷地想。

如果记忆会说话

我的名字，是你给起的。

我爱你。我知道你看不到看不懂也不认识这几个字，可是我爱你我想你。

一直以来，我都很羡慕别人能有爸爸妈妈宠爱和关心，而我只有你，我只能跟你相依为命。我也会不乖，我也会叛逆、倔强，可是你从没跟我生过气，我的第一次学步是你陪着我的，我开口说的第一句话，是你教给我的，我的第一件小棉袄也是你给我亲手做的。跟着你，我从来不觉得苦。

浪迹在苏州

惟 念

决定去苏州的那个晚上，我给暗恋了四年的男生打了电话。彼时我站在寝室的走廊上，他在几百公里外的苏州古街上玩得正嗨，根本无暇同我寒暄，所以电话很快被掐断了。我握着手机，来势汹汹的孤独将我团团包围。校园的围墙外又有火车驶过来，响亮的鸣笛声划破四周的寂静，一节节亮着灯的车厢在泼墨般的夜色里显得渺小又遥远。绿色的漆皮像是被水洇开的颜料团，浓得让我睁不开眼。

我想起他空间的背景音乐，是林嘉欣唱过的一支旧调，里面有歌词这样写道：你的回忆在哪里，让我为你好好收集，那已经成为我唯一活下去的动力。

大概就是为了要走他走过的路，赏他看过的风景，所以我匆忙地收拾起衣物。第二天一早，就站在火车站的售票大厅里，撑着疲倦的双眼，跟着长长的队伍一点点向窗口移动。

是，我是要在二十岁的生日去远方，去我喜欢的人待过的地方。

因为正值暑运高峰期，整列车都挤满了人，我站在吸烟处的角落里，心里像涨潮般涌动。

近六个小时的车程让我的两条腿站得又酸又疼，但好在下车后有热心的工作人员指路，才让我对完全陌生的苏州多了几分好感。

买好地图问好路线，我在满是古典味的站台等车。下午5点的太阳高高挂着，蜜糖色的光线把一切都涂上暖色调，这一刻，姑苏城迷人万分。

走得累了，便随便转进一条古巷，找一间干净的旅社，美美地睡上一觉。

这是异乡的夜晚，我在凌晨醒来，窗外下起了雨，滴滴答答的雨声串联成惆怅的音符，让我重新跌入了思念里。

地图上推荐苏州的平江路，说这是江南婉约派的一条路，极具文艺气息。

我戴着大大的太阳帽，沿着相互交错又曲径通幽的小道向前，终于在晒晕之前找到了平江路上的地标性建筑——猫的天空之城书店。

身体的倦怠消失后，我继续前行，在一处喝红茶的户外咖啡馆遇上来自荷兰的Rebecca。她很快和我聊开，说十分喜欢这里的小桥流水，住在这里的人还可以看那么多美丽的园林，真是幸福。我冲她笑笑，掏出一张明信片给她，算作是问候。

两个人从各自的家乡谈起，说到理想的生活、分开的恋人、无法释怀的感情，又说回苏州的夜市美食。身边有河水缓缓流过，柔和的风迎面拂来，空气里飘满了不知名的花香。能在这样惬意的时刻拥有如此多美好，我生怕浪掷一丝一毫。

因为太投缘，所以当即说好翌日一起去杭州看西湖，晚上去Rebecca住的青年旅舍投宿，还可以逛逛山塘街，那是老苏州的代表地。

丝绸店在苏州随处可见，在山塘街亦是寻常，我跟Rebecca手挽手在摩肩接踵的人潮中开心地谈天说地。她看见刺绣精美的旗袍就要试穿，冰糖烤梨的吆喝声也吸引她。指着黑乎乎的臭豆腐，她问我是什么，费了半天的口舌，也没法用准确的英语把制作过程说给她听。

起伏的石板路走到头，就是一溜儿的饭馆，因为听说是我的生日，Rebecca坚持要请我吃饭。邻座的两个美少年主动和我们说话，四个人又拼起了桌。黑头发的男生是武汉人，初中时全家迁去了美国，现在在密歇根大学念书。他深眼窝的朋友脸庞似雕像，我害羞得不敢多看。

旅途中最愉快的事，莫过于逢上志同道合的人。我们一行四人重返山塘街，站在评弹馆的门口，看着戏台上化着浓妆的唱将，他们口中咿咿呀呀的是我们无法理解的故事。天黑了，喜庆的红灯笼沿街挂起，几道拱桥上也缀满彩灯，各地方言交织在一起，伴着店铺传出的音乐声，好不热闹。

两个大男孩儿拉着我在水边的长椅上坐下，又去酒吧买了玛格丽特，真诚而认真地跟我说生日快乐。一瞬间我被感动得说不出话来，这是二十年来最特别的生日，收到来自另一种语言的祝福，又和志趣相投的人共同举杯，意料之外的愉悦和欢喜让我没齿难忘。

068

微醺回到明前堂青年旅舍，我拿着毛巾要去浴室时，Rebecca忽然叫住我，取下了她戴在左腕的手链。

"这是我在越南旅行时买的，有一对，咱们一人一个，就当是生日礼物好不好？"她温柔地望着我，湛蓝的眼眸里有一股童真的意味。

我欣喜地点点头，嘴里说着谢谢，挥动着红绳手链蹦着打开花洒，高兴地哼起歌。

按照说好的计划，我去寒山寺，Rebecca去留园，等玩够了再回来碰面。盛夏的阳光炙热，我坐在公交车上，看着两旁的香樟树一点点向后退，某种微妙的情绪牵引着我，让我慢慢平静下来。

我并不信佛，但在寺内袅袅升起的烟雾里，内心还是有震动。虔诚地在蒲垫上跪下来，双手合十地向大佛许愿：我愿来日会良人，伴我清晨与薄暮。

随着游客登上二层楼阁，听见悠扬的钟声，对面四角翘起的屋檐上落满硬币。听旁人说先闭上眼许个愿望，再扔出一枚硬币，只要它停在屋顶不落，那肯定会美梦成真。明知这不过是人们的一厢情愿，我也从众地试了一回，可惜的是，佛不理我，不愿收下我的那一枚。

穿过刻满经文的回廊，看见穿着黄色布衫的僧人在弯腰扫地，他一脸的沉着平和，仿佛周遭的纷扰与他没丝毫的关系。也对，出家之人哪会像我，经不起一丝红尘的牵绊。

本身无一物，何处染尘埃。

办好退房手续，我坐在藤椅上写着留言册，Rebecca和前台接待员讨论着杭州的衣食住行。怕我无聊，她又打开电脑，让我看在北京和西安拍的照片。那些我们觉得稀松平常的东西，在这个欧洲大姑娘的镜头里，变得生动有趣起来。

午后的路上行人很少，我和Rebecca顶着烈日去汽车站，一路上都叽叽喳喳地说个不停。

"你从荷兰出发，走了那么远的路看风景，是因为生活无聊吗？"我抬手擦去额角的汗，有些气喘吁吁地问。

优雅的Rebecca想了想回答："其实我们都是从一个自己呆腻的地方去别人呆腻的地方，生活对我来说不算无聊也不算枯燥，你知道的，离开中国后我还会去蒙古国，然后才回荷兰。出来的这半年里，我不是单纯地看风景，而是想看看地球另一端的人是怎样生活的。"

我仔细地咀嚼着一长段话，因了她这份说走就走的勇气和自由而羡慕不已。

从苏州到杭州的客车有好几个班次，时间约三个小时，我一坐到位子上便大呼累，Rebecca宠溺地摸摸我的头，说放心地睡吧，到站了再叫醒我。随后她拿出一本荷兰语的小说读起来，我歪头沉入梦里。

再睁开眼睛，原本的高楼大厦已经被成片绿草地代替，路牌上写着嘉兴，杭州离我们越来越近了。

　　"你会见到这个世界上所有的大洋，所以不必留恋最初的那片海域。"

　　"只有见过了众生百态，才不会安于现状。"

　　最初在书中读到这两句话还不能感同身受，但在我离开旧地，穿梭在苏州的大街小巷时，忽地想得通透。

　　人和人之间的情分脆弱如露珠，朝不保夕，但我和暗恋的男孩已相熟四年，见证了彼此从幼稚青涩变得聪明成熟，最真实又珍贵的四年记忆，完完整整地刻在我脑海里。说起来，已是莫大的恩赐与福祉。

　　并非所有的遗憾都要填满，上帝一定会奖赏那些勇敢的、多情的、坚定的人。这样想着，我又翻开那张折痕重重的苏州地图，其实遗憾也很美好。

那些不安分的旧时光

吕香藤

还有一个月就是高考了。想起曾经，刚刚升入高中，我和初中的旧同桌课间的时候买一包妙脆角，两个人剪子包袱锤，谁赢了谁吃一个。同桌欲哭无泪控诉我吃了整包妙脆角的憨憨模样以及我丧心病狂的大笑声响彻整个教室，至今依然记忆犹新。

她是那种一看就知道是不安分的女生，鬼怪精灵，眼珠子一转，就有什么坏主意，长得娇小，吃什么都不会胖，让我一直恨得咬牙切齿。我们的生物课是下午的第一节，夏天的时候，她总是拉着我去楼下的小卖铺买一瓶雪碧，趁着老师回头在黑板上写字的空当，我们拎起放在地上的绿瓶子仰头就喝。后面的同学发出各种阴阳怪气的清嗓子的声音。等到老师转回头来时，我们早已放下瓶子，装模作样地抄黑板上的答案，时间刚刚好。

她会在我站起来问物理老师问题的时候，掐我的大腿。表面上我认真地听着老师在讲解，桌底下，我们两个人的手早已掐作一团，我强忍着要掐死她的冲动。

自习课我们在中间放一本书，两个黑脑袋凑在一起嘀嘀咕咕。她是住宿生，每天晚自习的必修科目就是给我讲前一天发生在她宿舍的各种搞笑的事。一旦班主任出现在门口，我们就又开始装模作样，我清清嗓子，压低着声音给她讲题，她也配合着点头，甚至提出疑问。我们的声音不大，但又能被老师听到我们是在学习。看着老班背着手欣慰地从我们身边走过，两个人的眼神里有我们自己明了的狡黠。

我们周末的作业常常分工合作，她做英语，我做数学，每个周末下午回学校就交流汇报，手里抄着，嘴巴也不停。斗嘴是常有的事，经常我们开着开着玩笑，最后就冷战了，然后再写小纸条，哭着和好。现在我卧室的抽屉里什么也没放，全是我们曾经写的小纸条。

我一直以为老师不知道我们的这些小动作，直到后来文理分班，我选择了文科，再也不用分析物体的受力，不用整天地默写化学公式，不用再死记硬背血液循环，所有的这些，在我选择文科的那一刹那，通通恢复了出厂设置。慈爱的生物老师问我，现在上课还喝饮料吗？我不好意思地摇摇头，哪里还有那个闲心？

是谁说"高三是黎明前的黑暗"，真的是太黑暗了，恨不得一分钟掰成两半用，再也没有兴致以跟老师做对为乐趣。现在是谁要耽误我学习，我跟谁急。

我们学校高三在五楼，从一楼到五楼一共有七十二级台阶，我每天都数四次，上午下午上学放学，各一遍，从不落过。高三的班里课间再也没有欢声笑语，每个人都在为自己的前程奋斗。我还记得曾经和同桌在晚自习的时候，偷偷拿着手机，搜上海外国语的照片，看着就心潮澎湃，难以抑制的激动。现在我们很少讨论关于以后的日子，只是把梦想装进心里，等着有一天阳光照进来。

《一代宗师》里有句话，"念念不忘，必有回响"。愿我们的梦想最后都会得到回响。

来自星星的孩子

玖月草

有人说，星星不会流泪，因为它会笑。印象中的你，是个美丽的女孩儿，很懂事，很善良，而这个世界却赐予了你当星星的孩子，所能够给你的只是美丽的容貌和一颗纯洁的心。这无法改变的事实，打破了我们的喜悦。

当你来这个世界敲门时，给了多少人欢喜，而当你急着要来到这个世界上时，老天却跟你开了个小小的玩笑——你的母亲在生你的时候难产，由于时间过长导致了你从小就得了自闭症，你给大家带来了希望的同时也附带着失望。小小年纪的你，动了两次脑部手术也不见好转，就在大人们沉浸在悲伤中时，希望再次出现，你两个弟弟妹妹的相继到来，吹散愁云，又让大家见到了一丝光亮。你的妹妹和你一样有着美丽的容颜，但是她聪明伶俐，讨人喜欢，而你，渐渐被遗忘。你不懂什么是爱，不懂什么是恨，你的世界没人进过。

你的妹妹看到大人们讨厌你，也常常去欺负你，而你总是傻傻地看着，不说话，只是笑笑。你的不懂事让你的母亲很恼火，每次动手打你她都会难过得流泪，而你不会说也不懂得说安慰的话语，只能傻傻看着，拿起纸巾轻轻为她擦拭泪水，然后对她笑笑，或许这就是不懂表达的爱。

因为你不懂，所以用了剃须刀刮光了自己的眉毛；因为你不懂，所以把大人们的药整瓶吞下去，大人们慌忙地把你送去医院。这个世界还是眷顾你的，医生说你不会有大碍，可是大人们还是不放心，依然坚持让你洗胃。你知道吗，就算是被遗忘的存在，也不会有人想失去，他们虽然给予不了你同等的爱，但是他们不想失去你。

曾听你的母亲说过，每次看到你的样子，就想等你的弟弟妹妹长大后，和你一起离开这个世界，无牵无挂，你也不用活在这个世界拖累人。很多人说你的母亲疯了，可是你知道吗？她还是爱你的，只因她是你的母亲。

大人们为了能让你去上学，花了很多费用让你去市里最好的幼儿园。你离开了家，但是状况接连不断地发生，你不会说话，也说不清话，老师不知道你的想法，你也听不懂别人说的话，总是做一些奇怪的事，交不到朋友。老师们的耐心磨尽，只能请家长把你带回家，最后，大家放弃了让你去上学的想法。随着你一天天地长大，他们偶尔会在闲暇时教你认字写字，尽管你无法接受，但他们不会去强迫你，会让你做你想做的事，只要你活得开心。

我偶尔会去看看你，而当我再次看到你的时候，令我惊讶的是，相差几岁的我们仅仅几个月未见，你就已经长得和我一样高了，美丽容颜下的笑容依旧暖心。如果你现在还在上学的话，应该上五六年级了吧？虽然你是星星的孩子，可是大家已不再对你冷淡，他们在试着去给你爱，让你去感受爱，即使最后只是徒劳无功，也心甘情愿，幸好在有限的流年时光里还能够给予你亲情的温暖。

我觉得你是喜欢音乐的，每次看到你听歌的时候总会去哼唱，听不清的语言却有着清晰的小调。我和姐姐去看你的时候，你已经学会了叫我们姐姐，虽然咬字不清，但已经很难得了，你会一直牵着姐姐的手，也许这是属于你世界里的友好方式吧。我们一直相信，有一天，你能够像正常小孩儿一样生活，也许时间会带走什么，但请它一直保留属于你的那份爱。

你的母亲说你长得很漂亮，你懂得在她忙得不可开交的时候去帮她干活儿，你不会安慰却也懂得为她擦拭泪水……这就是她坚强活下去的理由。你不认得谁是谁，也不曾流泪，不懂得伤悲，更不懂得用言语表达，你脸上唯一有的笑容，总是能够温暖我们对你的期待。

我们这一桌，大"二"无疆

Miss Bella

据我了解，同桌就是一"犯二青年"，碰上"随遇而安"的我，两个人就都"二"了起来。于是乎，我们的大"二"生活开始了……

1. 半吊子

某节课，听得不耐烦的我和同桌开始探讨青春痘的问题。"最近又长了两个好大的痘，可怜本帅哥如花似玉的脸啊……"我一本书扔了过去："就你还如花似玉？不如虎似狼就不错了。如花似玉形容的是本小姐……"同桌慨叹："我见过自恋的，可是没见过这么自恋的！你自己的脸不也是这样？""那也没办法……我用祛痘洗面奶洗得都秃噜皮了。""那你就少吃辣的，多喝水，多休息，不要吃油大的东西不就得了？"我看着他一副老中医的样子，笑着问："怎么？你什么时候成老中医了？""战'痘'这么多年，不想成也成了……"我吐槽："只可惜这个'老中医'是半吊子……"

2. 光棍节的巧克力

2011年11月11日，千年难遇的光棍节。我去买棒棒糖的时候碰上了亲爱的同桌，只见他两眼茫然——显然没买到棒棒糖。我偷笑：哼哼，看你一会儿怎么办！

没想到，在我进班级时，他已经在座位上坐得稳稳的了。难道他买到了？我满腹疑惑地坐下，把外套放进书桌，竟然有两个圆圆的东西！难道是传说中的定时炸弹？我刚想拿出来，却被同桌阻拦："借我放一会儿。"原来他在没买到棒棒糖的情况下被老板娘忽悠买了两盒巧克力。于是我开始酝酿一个盛大的"阴谋"。"喂，给你的。"我拿出棒棒糖给同桌。"哦，谢谢。"同桌感激地收下。"等等……你不打算给我啊？"我"阴险"地笑着。"哦……那给你。"他把一盒巧克力打开，给了我一块（只有一块！太不够意思了！）。"只有一块吗？"我没有罢休。"那……"他又拿出一块。"不够意思！"我把脸转了过去。"以后不借你作业抄了！""别别别……"他立刻败下阵来，"这样可以了吧？""还有，租借我的地盘，不得交租金啊？""那……"

于是，亲爱的同桌的两大盒巧克力就被我这么"讹诈"了多半盒，哇咔咔……可是，但是，然而，却……巧克力不好吃！老板娘的巧克力一定是积压的！呜呜呜……

077

3．"倒卖"化学书

由于初三年级要赶课，我们提前开了下册的书。问题是我们这一届化学课本和上一届的完全不同，因此化学书就成了一个难题。但是我依然气定神闲地坐着——因为我不仅有配套的化学书，而且还有两本！（至于我是怎么弄到的，哈哈，保密！）见到同桌走投无路灰头土脸地决定去买黑白的书，我叫住了他："喂，同桌，你真的没有书吗？""那当然……"我笑了："好巧的，我有多出的一本书，要不然……""你卖给我吧！"同桌哀求道。我愣了：本来我是想说"看在咱们同桌两三年的份儿上送你一本"没想到……哈哈哈！"那……""我出九块钱！""不行，买一本黑白的还九块呢！""那……十块！""好吧，我就赔本卖给你。"我一副不情愿的样子。

第二天，货到付款，同桌拿着彩色的化学书笑得哈喇子都快流出来了："你看你看，我的书是彩色的！正版的！"而我呢，哈哈，读卡器的钱终于有了！由于家里对我实行"经济制裁"，我眼巴巴地稀罕那个Hello Kitty的读卡器多少年了……

后记：就要毕业了，回顾我和亲爱的李同学同桌这几年，就有种想写篇文章的冲动（冲动是魔鬼？），以此纪念我们一起"二"的那些日子。李同学，不知道以后谁会和你接着一起"二"呢？偷笑。

我的"八卦一班"

张思涵

我们班是出了名的"八卦一班"，无数小道消息的来源地都是我们班。在学校里你常常听到这样的对话："你怎么知道啊？这个消息是从哪里来的啊？""初二一班啊。"这里有我们无数同学智慧的结晶、辛勤的汗水、休闲的乐趣。

在一班无数八卦达人中，许原方是众人推举、毫无争议的冠军，这项桂冠深深弥补了他学业上总是位居第二的遗憾。哪个老师和哪个老师关系特别近；哪个同学哪天放学送给谁什么东西；哪个同学考了年段第二；哪个老师生病不能来上课了……他常常挂在口边的就是："没有问不到的，只有想不到的……"

真正让许原方一举成名的事件是有关于数学老师胖大海的。胖大海本名叫潘大海，因为浑圆的肚子以及粗壮的腰身而颇有知名度，但是真正使他名贯F中的，是他的金字招牌——人称天下第一捕快。想作弊？先过胖大海那关吧；想早恋？窗户都没有。在他的火眼金睛下，即使你神色淡然脸不红心不跳动作细微，他也能揪到你缠在袖口上的字条，而且还是迷你版的。

每次月考，众人都在猜想到底哪个班倒霉会轮到胖大海监考。于是很多同学来问许原方："原方，你怎么看？"

许原方就掐着手指，算命先生似的说："此事必有蹊跷。"然后开始八卦起胖大海的监考路线。原来胖大海监考是有规律的，就和数学的概率和组合一样。数学课代表许原方充分把他的数学知识与八卦精神相结合，一时他的"原方推断公式"风靡全校。同学们可根据原方推断自行判断该用几层功力复习……

这一次，许原方毫不犹豫地把箭头瞄向了新来的班主任陈老师。

陈老师第一天给我们班上课，我不用戴上那副五百度的近视镜都能看见男生们眉开眼笑的样子，仿佛个个都考了一百分。在资深八卦大王许原方的带领下，我们班轰轰烈烈地兴起了一场八卦之风。

很快，陈老师是哪里人、最喜欢什么颜色、喜欢哪部电影就成了我们下课热烈讨论的话题，其火热程度不亚于明星八卦。这时候许原方就坐在层层包围的人群中央，一副指点江山激昂文字的大牌样子。

其实我们最想八卦的就是年轻漂亮的陈老师到底有没有男朋友！这次连许原方这个八卦大王也不能很快地答出来，于是在N个同学问了许原方N遍以后，在许原方支支吾吾顾左右而言他地回答了N次以后，许原方深感惭愧了。为了尽快解决这个问题，许原方奋发向上，不仅上课努力发言，下课积极去问问题，每天放学还装作有意无意地"巧遇"陈老师，在路上与老师进行深切而又热烈的"学术交流"。

一天下课许原方神秘兮兮地和我说："你猜我昨天看到了什么？"

看到许原方闪闪发亮的眼睛，我一下子猜到了答案："难道是……"

"昨天下雨我和老师走在路上，到校门口的时候，一个男的来接陈老师呢！"

许原方话音刚落，几个人呼啦啦地就围上来七嘴八舌地问开了。

"长什么样？"

"多高？"

"他们说了什么？"

许原方非常具有领导风范地摆摆手，也不急着回答问题，只是故作高深地扫视了一下群众求知若渴的目光，故意清清嗓子。这一清吊足了大家的胃口，我不耐烦地一拳捶过去："八卦大王，你快说啦！"

许原方这才故作委屈地揉揉自己的肩膀，开始绘声绘色地讲起来，详细到那个男的的发型、服装、伞的颜色、穿了什么样的鞋子都一五一十地描绘了出来。可见要做八卦大王还是要有非凡的记忆力的。在同学们接二连三地提问中，许原方终于忍不住可怜巴巴地冒了一句："难道你们就不关心一下我啊？我也没伞回去啊……"

正说得热闹，眼尖的同学发现陈老师不知何时站在了门口。一看到老师我们马上噤若寒蝉，个个做贼心虚。许原方干脆拿起英语书挡住脸，一副此地无银三百两的样子。

陈老师抿着嘴笑了："我都听到啦。"

糟糕……老师该不会生气吧？没想到陈老师无奈地瞥了我们一眼说："他是我的弟弟啦。"马上又添了一句，"老师没有男朋友哦。"

班长胆大地接了一句："不是吧……老师这么好看诶！是不是啊？"大家都笑起来，齐声回答："是！"

陈老师不好意思地红着脸："可是老师有未婚夫了哦。"

这不亚于一个平地惊雷，全班都拍着手起哄起来。喧闹了一会儿，大家异口同声地答道："吃喜糖！"

陈老师嘟着樱桃小嘴说："名不虚传，果然是八卦一班啊！"

初三以后大家就安静了许多，女生下课的时候也不再围成一桌聊天谈八卦，男生们也不在放学的时候打打闹闹跑到操场上打球打到天黑。

最后的时光里，常常有老师在下课的时候走进来，用大嗓门吆喝着："谁要问问题啊！问问题咯！"就和卖东西似的。难为陈老师，小细嗓子，也学着胖大海扯着嗓子喊着："不要羞涩了！问一送一！快来问问题吧！"物理老师最搞笑，一进门先声明一句："同学们，问题范围仅限于学术上面的哟！其他概不负责！"据他说，这要在八卦一班特别强调。

中考前最后一堂课，已经不需要再讲什么知识了。每个老师轮流给我们打气，还说了心里话。胖大海终于承认他小时候也作过弊，喜欢过隔壁班的班花，所以才知道我们的所有诀窍所有心思，全班哄堂大笑。陈老师乐滋滋地说："唉，小朋友们！你们终于毕业啦！老师也可以结婚啦！"笑着笑着，我的心里有所感悟，突然很感动。侧过头一看，许原方正在偷偷抹眼泪。语文老师牙牙（因为老师笑起来脸上就剩牙了，再加上八卦一班的不懈努力，探到老师大学时代的绰号也是牙牙，遂得其名）笑着说："你们走了以后，'牙牙'的绰号也不知道还有没有人叫哟。"班长连忙说："放心吧牙牙老师，我们会告诉下一届的学弟学妹的！"牙牙老师抚着额："果然还是摆脱不掉啊！"

那堂课是欢乐的，也是感伤的。最后我们给每个老师都写了问题，分别装在一个大瓶子里。五十二张纸条，五十二个问题。同桌许原方是写得最用心的一个，写完以后他说："这些问题会有答案么？"

082

窗外天好蓝，每个人的抽屉都收拾得干干净净。凤凰花开了，毕业的笙歌响起。写这篇文章的时候，我渐渐明白——当然有答案，美好的青春就是最好的答案。

致我们终将逝去的青春

李若漾

辛夷坞的《致我们终将逝去的青春》很早就听说过，但一直没有勇气去看。

生活过于平淡，我喜欢刺激但也过于自我保护。这本书的名字，带着激烈汽水冲击后舌尖点点的麻木，带着无奈与沉默，像陷入了忧伤却干涸得没有眼泪的眸子。

我深知青春难回，却还是那么平静地看着日子流水般凉凉地滑过。

电影上映正是考试后，开场字幕有些长，开篇的童话让人莫名其妙却异常温暖。

刚进大学时的懵懂，那些天真阳光的笑容真是刺眼。

宿舍里昏暗温暖的灯光下，拿出偷偷藏着的啤酒一饮而尽像是浇愁却在来不及惆怅的时候微笑着睡去，男生宿舍满地的零食，吊灯上挂着滴水未干的衣物，走廊里吵吵闹闹，上课迟到和老讲授装病，男生用这办法就遭雷劈女生就受垂怜。

闺密有些诧异："大学竟是这样子的？"

"是这样子的吗？是吧。"在我眯起的眼里你能看到贪婪与满足，这样就足够了。

可为什么，在下一秒，觉得还没经历却已经失去？

女主角郑微大大咧咧明媚地笑着，天崩地裂般哭泣着，她躺着床上像战士一样喊："不管前面是刀山火海还是万丈深渊，我将义无反顾，勇往直前！"

我想，我拥有她十分之一的勇气就好了。

感性优雅的阮莞，女神一般的存在，却一直为爱癫狂，勇敢得不顾劈头盖脸的暴风雨，坚定得有点儿过于执迷不悟。

闺密说，我的性格有一点儿像她。像她的"不求最好，只求平淡"，像她的偶尔执着哪怕万劫不复。

在卡车撞上阮莞的时候，毫无心理准备的我下意识地惊叫，眼泪几乎飚出来。闺密在旁边捏着可乐瓶子狠狠地骂赵世永。

我回头看看闺密，默不作声。也许，他懦弱的让人鄙夷，但却没有理由去责怪。眨眨眼，仿佛阮莞还在温婉地笑，还在举起酒杯喊着"青春永垂不朽"，还在晚会上笑着带头鼓掌。

她是这场青春里最淡然的人，却最为疯狂。

故事里的施洁，是唯一拥有不怕死的精神奔赴青春战场的人。我们大多数人，无疑都败给了现实与死亡，而她却败给了她最爱的人，丢盔卸甲。

我们一度都躺在数不清的故事里。

真的是很喜欢这部电影，像是雨后土地潮湿的气息，足够真实。

郑微说："我们都该惭愧，我们都爱自己胜过爱爱情。爱一个人，应该像爱祖国，爱山川，爱河流。"

真正的爱，应该是这样的壮烈伟岸吧！像是爱祖国，落地生根，融进血液里，刻在骨头上，不会随便拿出来给谁看，只是埋进很深很深的泥土里。

电影戛然而止，始料未及。突然出现的字幕以及亮起的灯光让我们恍然——电影已经结束。这就像是我们意犹未尽的青春吧。

王菲喃喃的主题曲响起，像是青春最后平静得没有感情的低吟，人们缓缓散场，昏暗的灯光照着猩红色成排的座椅。

我们都会变成自己最厌恶的模样。

我不知道，热情是怎样被生活冲淡的。如今的我们，总像被人掏空了五脏六腑扯掉了血管与神经，空壳被丢在大街上。

青春是什么，青春会是什么？会是校园单车初恋，还是热血沸腾？

也许，青春就蹲在一个角落里默默看着你，从白日的倾城到夜晚的月光清冷。

昼夜无常，青春被谁安放在角落里，不痛不痒。

青春该是什么？

慢热的我在看过电影后的第九个月开始终于在纸上写下了这几个字。

青春是一场狂欢，不醉不归。

如果记忆会说话

诗小鱼

因为车祸，你失去了儿子和儿媳。他们离开你的那年，她只有一岁。你给她取了个好听的名字叫苏小婉。你希望她长大后能是个温婉的女孩子。

在苏小婉的世界里，你一直是最重要的角色。

1. 你总是说不累，你总是说不辛苦

你住在百合街的庭院里，院子里很宽敞，你把庭院收拾得很干净。

半夜，那只长满老茧的手总是轻轻地伸过去为小婉拉拉被子，担心她着凉。

小婉开始上小学，你那时不会骑自行车，就每天背着小婉走好几公里的路送她去学校。

为了不让小婉上学迟到，天还没亮鸡也未鸣，你就得赤手伸进凉得彻骨的冷水中，开始洗菜、淘米、煮饭。可是一切都准备好了，你又总是不忍心叫你的小孙女那么早起床，你总是等一分钟、再等一分钟才喊小婉起床。

你每天背着小婉，一路上都要唠唠叨叨地告诉小婉，在学校要怎

样怎样，放了学要怎样怎样。小婉会趴在你的背上一遍遍地问："奶奶累吗？小婉下来走吧。"可是你怎么忍心让小孙女走那么长的路，你怕冻坏小孙女的脚。所以你说："奶奶不累，一点儿都不累。"

小婉上初中的时候课程就特别紧，每天都要看很久的书，你每天晚上都陪着她一起念书，一起写作业。小婉会催着你说："奶奶先去睡吧，都累一天了。"有的时候你明明已经开始打盹儿了，却还说不累不累。不管多晚，你都坐在旁边陪着她，就安静地坐着，不说话也不打扰。

2. 你活着的理由是照顾她

你有一个小馄饨摊，那是你们的收入来源，清晨、傍晚，百合街的街口都有你忙碌的身影，小街的邻居都爱捧你的场，你做的馄饨很好吃。你还每天都去街上捡一些废品拿去卖，这一点对十六岁的小婉来说，除了心疼更多的是觉得羞耻，她不愿意让同学们用异样的眼神看她。本来就已经是没有爹妈的孩子，如今奶奶还是个半拾荒者。她开始不理你，不愿意跟你讲话。

你知道，你的小孙女觉得丢脸了，你的小孙女已经慢慢长大了。可是你能说什么呢，你依旧每天卖馄饨、捡废品。只是，你都是等天黑了才去捡，你告诉小婉说，你只是出去走走。

要不是那天在地铁口听到你跟旁边老太太的对话，小婉怎么会突然哭得说不出话。

"我丫头命苦，别人家孩子都有爹宠有妈疼，我的小婉从小就跟着我吃苦，人家孩子喝的那些个果奶什么的，我们小婉从小就没跟我要过，我就想啊，能多活两天，看着她长大，看着她好我就好咯！"小婉忽然就哽咽了，她说不出话，伤害自己最爱的人，不过是仗着她爱你，素来与勇敢无关。

3．才分开，就开始惦念

小婉的高中去到了C城的重点中学，那儿离百合街有两个小时的路程，小婉住校。

你送小婉去车站，用那只瘦弱的手抚摸着小孙女的头，断断续续地说："奶奶就送你到这儿，好好吃饭，好好学习……不知你上学的地方冷不冷，一定要穿厚点儿……"车都已经开了很远了，小婉回头，却仍然看见你站在路的一端，久久不离开。

小婉惊慌了，她为你的衰老而惊慌，她越来越害怕岁月和时间会带走那个视她如宝的人。小婉眼睛注视着你的方向，不敢眨眼，她感觉到自己的鼻子阵阵泛酸，她怕她的泪水会突然冒出来模糊住视线！远处你的身影，突然变得好小好小，一头的白发，在风中乱乱地飘着却仍然不停地朝她挥着手。

4．你给的爱是我所有的记忆

我叫苏小婉，我的名字，是你给起的。

我爱你。我知道你看不到看不懂也不认识这几个字，可是我爱你，我想你。

一直以来，我都很羡慕别人能有爸爸妈妈宠爱和关心，而我只有你，我只能跟你相依为命。我也会不乖，我也会叛逆、倔强，可是你从没跟我生过气，我的第一次学步是你陪着我的，我开口说的第一句话，是你教给我的，我的第一件小棉袄也是你给我亲手做的。跟着你，我从来不觉得苦。

如果可以，我想把时光留住，留在今生今世。请你好好地保重你自己，请你一定要长命百岁，请你一定要给我时间让我孝顺你、让我照顾你，好吗？

　　我脑海里所有的记忆都是关于你的，如果记忆会说话，它一定会帮我告诉那个爱我的、总是担心我吃不好饭、照顾不好自己的人：奶奶，小婉爱你。

时光泛起，不觉成海洋

过去的一年，我认识了一些新朋友，离开了一些旧朋友，看清了一些人的内心，懂得了更多人情世故，终于明白谁是真正对我好的。

过去的一年，我爱上看恐怖片，除去看电影哭过的两三次，其余大部分时间都忙着和人聊段子和捧腹大笑。

过去的一年已经过去，世界末日并没有到来，我还要继续往前走。听过这样一句话：我的梦想只有碗口那么大，却满满当当。

清夏与雪豆

苏舍涵

1

我蹲在那间野味馆的马路对面，每见一个进门的顾客我就哭着丢下一粒狗粮，直到一整袋都丢完了，我才悲哀地发现我的行为真的是坐以待毙。万分沮丧的情况下，我拨通了小动物保护协会的电话。接电话的是个男生，估计刚过了变声期，声音不是很纯粹的清亮。我带着哭腔，语不成调："有个大叔说他看见那个'好口福'野味馆把我的雪豆抓去了……"

电话那头的男声用着和他声音不符的沉稳安抚我："别慌，把你所在的方位告诉我，我们立刻赶过去。"

等他们赶到的时候已经是半个小时之后的事了，一男一女，清一色的牛仔裤白T恤，T恤上面印着一些小动物，上面印着"G市小动物保护协会志愿者"。看见他们，我像抓到了救命稻草，一手抓住那个男生的手臂，一手指着野味店："刚刚那个大叔说这家店又新进了很多狗狗，里面还有白色的比熊，肯定有我的雪豆。雪豆已经消失一整天了。"

那个男生应该就是接电话的男生，但是当时我并没有仔细打量他。后面那个女孩儿挤上来，揽住我的肩膀，不着痕迹地让我放开那个男生的手臂。女孩儿很纤瘦，皮肤白皙，举止大方："我叫Susana，事不宜迟，现在我们进店去看看吧。"

我别过眼，不看她。那一瞬间，我脸上有了畏缩的神色。

2

我们强制性地闯进了那个令人作呕的封闭房间。看到天上飞的地上爬的无所不有的动物时，我的心抖动了一下。两个志愿者嘴抿得紧紧的，一言不发。

我轻唤："雪豆……雪豆……你在吗？"

像是回应我似的，一只雪白的卷毛比熊轻吠了一声。我眼泪又开始泛滥。

男生问："这是你要找的雪豆吗？"

我没有抬头看他，局促不已："是的，是我的雪豆。"

后来我们跟野味店经理谈判的结果是，我要用两百元把雪豆重新买下。我身上的钱都用来买狗粮了，口袋空空的。男生帮我垫付了钱。

我抱着雪豆出来的时候，城市的霓虹几乎耀花了人眼。怀里的雪豆不是很温顺，挣扎着要逃离我的怀抱。我拿着牛肉蔬菜狗粮喂它，它嗅都不嗅。男孩用手指梳理了雪豆的卷毛，安慰道："看来是受了惊吓，回去之后帮它洗个澡，它就又会亲近你了。别伤心了。"

"我叫清夏，能告诉我你们的名字和其他联系方式吗？我好还钱。"我咬着嘴唇，雪豆的尾巴一直往我脸上扫，我强忍住打喷嚏的冲动。男孩儿说："我叫易茗栋，你说你是关注我们的微博才知道我们的电话号码的，你以后可以用微博联系我。钱不是要紧的事，以后要照顾好雪豆。"

我对剪平头的男生一向有着莫名的好感，在直视他的时候，我才后知后觉地知道原来易茗栋也是个平头。一恍神间，两人已经走远。

雪豆被我悄悄地安置在楼梯口废物室一个破旧的木笼子里。除了这个捡来的木笼子，我已经找不到更好的条件来安置雪豆了。雪豆很烦躁，吠个不停。我不停地抚摸它，跟它说话。

"雪豆乖，等明天妈妈出门了，我就抱你回去洗澡哦，还有给你买好吃的。你不喜欢吃牛肉蔬菜，那鸡肉米饭你吃不吃呢？"

雪豆终于温顺下来，摇着尾巴，孤独地趴在笼子的最里面，闻闻碗里的狗粮，心不甘情不愿地吃了一粒。

我欣喜若狂，然后走进家门。

妈妈坐在沙发上，没有开电视，也没有开灯。我开灯的时候看见她吓了一跳。我假装镇定地脱鞋、穿拖鞋、放书包，背后一直有一道锋利的目光，我假装是背对着空气。

094

"你是不是拿了我梳妆台上的钱？"妈妈终于开口了。感谢老天，这次她终于没有用"贱货""偷"之类不堪的字眼儿。

我没有回头，"嗯"了一声。突然有股风从我身后吹来，我还来不及反应，我的头已经被按住往最近的墙壁撞过去，撞得我眼冒金星，后面伴随而来的是已经烂熟于心的咒骂。我挣开她的手臂，不料力气太大一下子把她甩跌在地上。我伸手去扶，却被她打掉。

我直起身体，缓缓地走向卧室。咒骂声依旧没有停。我停顿了一下，回过头，用悲悯的语气："你知不知道你真的很可怜，你总是嫌弃我，说我的出生给你带来的种种灾难。但你有没有想过你的悲剧是谁造成的？还不是你自己，你这种脾气，难怪男人都不要你。"

说完我敏捷地缩进房间里。一只鞋砸上了房门。总算还有一片宁静的天地，不管门外的喧天叫骂。

我没有丝毫的愧疚感，无论是我刚刚偷她的钱，抑或是刚刚的口不择言。

或许你会鄙视我，但如果你是我，或许你会理解我，甚至可怜我。

4

我四天后才看到易茗栋在网上给我的私信。在学校附近的黑网吧。

他说他最近很忙，没有时间来找我。那两百元让我先帮他存着。

我回复他："你有空就联系我。雪豆很好很健康呢，你猜它会不会想你呢？"

几秒钟后，立刻提醒有新私信。我激动地立刻点开。网吧的网速很慢，我等下面那根路线等到快发疯。

"清夏你好，我是Susana，我会转告小铭的，替我问候雪豆哦，很挂念它呢。"

很奇妙的感觉，我的心跳立刻一点点地慢下来，直到恢复正常。我客套地回复，然后关机，结账走人。

出门之前我帮雪豆洗了澡，手指上还沾留有沐浴露的味道。我摸了摸鼻头，在肮脏的城中村街道上贪婪地闻着手指的味道。路边有星星点点的太阳花开得很灿烂，我蹲在路边，拨弄着这种渺小、生命力却异常旺盛的花儿。我曾经在那个狭小的阳台养过，就在路边掐了几朵，插在用那种垫家电的泡沫槽里，装上泥土，不到半个月就蔓延开啦。白的粉的黄的，虽然花儿很朴素，但是一样赏心悦目。第一天晚上我去看它们，见它们都有快要萎谢了，急得哇哇大哭，浇了很多水，它们还是直不起腰。那时候难过极了，就像那天不见了雪豆，我痛苦得不知道往哪走好，该干什么好一样。我拥有的东西真的不多，所以失去对我来说，每次都很绝望。

可是第二天，太阳起来了，它们一朵朵地也都直起腰来，雄赳赳的。它们给了我很多天的好心情。有一天，发现太阳花都没了，我拼了命似地，找了很久很久，终于在街道的那个垃圾堆里面扒到了太阳花的残骸。泡沫槽已经断成三块，太阳花细细碎碎的须根裸露在空气之中。那天妈妈的摊子被痞子给砸了，不敢跟人撒泼，只好找没有反抗力的植物出气。

自从在我十个月大的时候，那个应该称为爸爸的男人离开以后，她的世界只有愤怒和自怨自艾。她骂我是灾祸，如果没有我拖累，她的人生应该会被改写。

我太了解她，所以那天我捡到了雪豆，我再也不敢抱它回家。我找了一个废旧的木笼子安置雪豆，还用我一个月的早餐钱买了一包狗粮。

雪豆刚来的第一天，半夜叫个不停，我在二楼都听得清清楚楚。妈妈被吵得睡不着，在客厅和厨房之间走来走去，不停地咒骂。我躲在被窝里，瑟瑟发抖，竖着耳朵听着楼下的动静。大概凌晨3点的时候，我听见有沉重的脚步声，扑通扑通地下楼梯，还有男人喘着粗气的声音，还有……木头撞击水泥地的声响，还有……雪豆凄厉的叫声。

不知道过了多久，终于没有动静了，整个世界只剩下我哭泣的声音。

5

只是我变得不爱亲近雪豆了。每天早上，我只是草草地看它一下，给它换水和狗粮，很少去逗它。雪豆也不亲近我，每天见到我，总是在狭小的笼子里不停地走来走去，喝下水，然后又懒洋洋地缩在一边不理我。

易茗栋是和Susana一起来找我的。打电话过来的时候刚好是周六，我正在附近一个工厂做玩具包装。我匆忙撇下那些塑料零件，洗了把脸，特意挑在学校旁边的水吧见面。

钱已经被我裤子的汗水浸渍得软绵绵的，递给易茗栋的时候，我少有的羞耻心居然开始作怪。我撒谎说刚刚洗衣服忘记把钱拿出来了。

我向他们隐瞒了我刚刚正在工厂打工。我也早已经知道易茗栋和Sasana的一些资料，居然跟我是同校，不过是高我一届。之前我都没留意过学校人物的风云榜，一打听才吓了一大跳，他们俩早已经在校园大名鼎鼎，才艺双佳的艺术生，家庭富裕，极有爱心，在这所高中早已经俘虏了很多人心。

知道这一切的时候，我只是撇撇嘴，把那个拯救小动物志愿者的微博取消了关注。朝不保夕的我，只有雪豆跟我是同类，易茗栋和Susana，跟我是两个世界。可是他的身影一直挥之不去。

易茗栋看也不看就把钱塞进休闲服的口袋里。Susana甜甜地对我一笑："雪豆怎么样啦？我好想去看它。"

我找了个蹩脚的借口拒绝："我家离这里太远了，下次我带出来给你们看。"然后落荒而逃。

6

妈妈看起来心情很好，收摊的时候还给我买了一个小蛋糕。晚饭后，我小口小口地吃完。她嗔怪："从小到大都这样，吝啬鬼，以前一根彩虹糖都能舔上半天。"

我没顶嘴，温顺地沉浸在一种叫作亲情的东西之中。

妈妈匆匆吃完饭，收拾东西赶去夜市。她通常都不放过这个机会，夜市几个小时挣的钱比白天一天都多。当然，是对于她这种贩卖廉价衣服的小摊档而言。离开的时候，妈妈扔了两百元在饭桌上说是给我吃饭的。我没有立刻去拿，等她关门后，才慢慢地捏住那薄薄的两张纸，很谨慎地放在衣袋里。

我用这两百元和我打工挣来的五百元，把雪豆带去一家门面很小的宠物店，做了个美容，只是修剪了一下毛发的雪豆就已经漂亮得不得了。我忽然有点儿感伤，长得这么漂亮，怎么还会被抛弃呢？

我打算这个星期天就把雪豆带出来去见易茗栋和Susana。课间的时候我被老师差使到高二教学楼去拿东西，路过易茗栋的教室时我还不时地张望，心里小小地期待着能看到那个清爽的背影，然而目光所及之处都没有发现易茗栋。

正当我失望的时候，肩膀被拍了一下，是易茗栋。

我自己都发觉脸在发烫，手局促得不知往哪摆好。

"刚刚收到你的信息了，那星期天在上次那个地方见面好不好？"易茗栋的声音虽不算好听，不过很舒服。我忙不迭地点头。

下楼梯的时候，我还傻乎乎地回味着刚刚那一幕。最近经常会梦到易茗栋，可是醒来一想到他和Susana无比般配的身影，美梦就成空了。如此一想，下楼的步伐有点儿沉重。

我曾悄悄跟同学打听他们，得到的消息是他们青梅竹马，听说还约定要一起考北京的大学。那时我就在心里暗暗地做了一个决定。

7

易茗栋和Susana没有想到我跟他们说的第一句话是托他们给雪豆重新找一个好主人。Susana小心翼翼地问："为什么呢，雪豆离开你该多伤心啊？"

我什么都没说，抱起雪豆："你们跟我去一个地方。"他们俩面面相觑，连动作都默契得神似。

拐了几条街，我领着他们走进了服装批发商场，指着一个涂着不合时宜的红唇膏的女人说："那就是我妈妈。我记事起就没有爸爸，妈妈说他抛弃我们跟一个女人私奔去了。但是我知道不是这样，他死了，在我十个月大的时候他从十层的工地上摔了下来，当场死亡。为此，封建的奶奶在盛怒之下把我们母女赶了出来。我妈妈为了不让别人说我命硬，十七年来都对所有人编了那么一个故事。"我停顿了一下，"我曾经很多次就站在这个地方，偷偷地观察她做生意，她嗓门很尖锐，让人听了不舒服，但是她缠人的功夫一流，东西卖得也便宜，所以生意还过得去。毕竟她的生活不如意，夜市的时候经常有混混来捣乱，强悍的她不仅没法反抗还得笑脸相待。回家她经常会把气出在我身上。"说着说着我的喉咙就觉得很痒，"尽管如此，我还是很爱她。"这一切我从来不向别人提起，我很信任他们。

雪豆在我怀里挣扎个不停。我假装释然地松了一口气："我实在没有能力收养它了，妈妈不喜欢狗，所以它一直都被我藏在楼梯口的。它这么漂亮可爱，跟我实在太委屈了，你们就帮了这个忙吧！"

Susana抱过雪豆，很可爱地发誓："一定给它找个好主人。"我笑了，由衷地感叹："不得不说，你们俩真般配。"易茗栋不好意思地搔搔头皮，说："以前我并不喜欢动物的，因为她……现在好像动物也是我身体的一部分了。"

我吐了吐舌头，笑了。

8

可我还是隐瞒了一些事。我的雪豆是白色的比熊不假，可是它的皮毛却不是完美无瑕，裸露的红色肌肤还有一块块不堪入目的疤。我在上学的时候，它一直不离不弃地跟在我后面，甩也甩不掉，后来就索性收留了它。

雪豆陪伴我的三个月，是我最有幸福感的时光。为了给它买狗粮，我整整三个月没吃早餐。我和雪豆惺惺相惜，因为在这个世界上，我们有太多的相似。

雪豆离开的那个晚上，天气很晴朗，月光倾城。雪豆那天一直吠个不停，我枕着月光，每听它叫一声，心就抖一下。那个熟悉的该死的脚步声又催人命似的响起，跟雪豆第一天来的时候很相像。那天晚上我又听着雪豆的凄厉叫声哭了一夜，手紧紧地握拳，指甲在掌心留下很深的印痕。

次日天一亮我就跑了下去，雪豆却不见了，木笼子被摔开了！

那天我发疯似的找雪豆，就有了后来与易茗栋和Susana的交集。我骗了他们，把这只漂亮的"雪豆"带了回来。那时我已经相信雪豆回不来了，有个替代品也好。但事实上，没有人愿意做替代品，就连狗也不愿意。

早上妈妈得知她给我的钱都被我拿去花在雪豆身上之后，照例是一通咒骂。她第一次瘫坐在地上，哭着骂我："我是造了什么孽才生了你这个祸害，你爸爸跟人跑了我就得把你拉扯大，你以为我的钱容易挣啊？我们的生活连条狗都不如，你到底知不知道……"

第一次我没有顶她的嘴，也没有摔房门。我跪坐在她身边，没有眼泪："我知道爸爸已经死了，以后你可以不用维护我而再委屈他了……"

这个已经苍老的女人"哇"的一声趴在我肩膀。

那一刻，我决定放下很多东西。

没有过多矫情的形式。从那天开始，我安安静静地念书，柔柔顺顺地接受妈妈偶尔的责骂，为我那个大学目标暗暗使劲儿。每天我都静静地期待能在不久的将来，我和妈妈两个人能告别这种灰暗的生活。

最后，再见，雪豆。再见，易茗栋。

相 忘 江 湖

潘韵诗

那些触动你心的往事，终究会随时间流逝，渐渐遗忘，其实我们并没有想象中的那般在乎。

季宛凉出现在街角的时候，太阳已经沉了大半，尽管余晖未尽，这条老街还是已经笼罩在青灰的烟雾中。我闻到了空气中盐焗鸡的味道，心中不禁有些焦急："喂，凉少爷，有话你快说啊，不要再跟着我了。"可能是因为肚子饿引发的不快，我的语气有些嫌弃。

"那个，方言，快要中考了，你……"是因为夕阳太红的缘故吧，季宛凉的脸微微有些红，像此时天边的彩霞。他把手放进了裤兜里，晚风吹起他的衣摆，夏日的风很舒服，我想念在家里吃完晚餐吹风看书的惬意。

"算了算了，再见。"季宛凉的欲言又止让我失去耐心，我的胃已经在叫嚣了，不理会此刻俊美得犹如画中走出的他，转身离去。

"你有什么话想跟我说吗，方言？"似乎因为我加快的步伐，逼迫他把话说了出来，可是这是什么啊，他从学校跟到我家，不应该是他和我说吗？我没好气地回头："没有。"我看见了站在树下的他，然后弥漫出失落的气息。太阳已经完全沉下去了，又一个黑夜来临，青黑的夜空只有一颗星星。他站在树影交错的地方。附近的人都回家吃饭去了，这老旧的街道上就只有我和他，这一刻静谧得好像一幅画，画中的少年身影单薄，穿着白衬衫黑长裤，斜挎着一个包，同样着装的少女头也不回地走了。

我掏出钥匙开了门，鞋也不换，奔进了厨房："好饿啊，可以吃了没有？"没说完就把手伸进了盘子里，拿起一块鸡肉就扔进嘴里。厨房里充满着焗鸡的香味，橘黄的灯光下，母亲围着围裙，把菜端上桌，"下面那个男孩子是谁？很眼熟。"嘴里的鸡肉还来不及吞咽，开口就含糊不清地回答："同学。"确实，在初三的班级里说不过几句话的同学而已，今晚的交集让我感到意外。"洗完手再吃。"母亲把围裙脱下，挂在了墙上。

一直到毕业，我与季宛凉都没有说过一句话，那日傍晚的事不真实得像一个梦。

这条老旧的街道终于装上了路灯，温暖颜色的灯光透过树枝落在水泥地上，在相互交错的斑驳树影里显得狰狞。我和我的第一个男友并肩走在这条街道上，今天我向他表白，他回应了。初秋，寒风萧瑟却并不觉得冷，两颗年轻温热的心紧紧靠在一起，街上的行人依旧少得不像话。

"我到了，你回去吧。"我停住脚步，有些不舍地开口，眼神期待地望向他，在心底细细描绘他的轮廓。

"嗯。"嘴巴都没有张开，在喉咙里发出闷闷的声音，有些疏离。

"你有没有什么话想对我说？"我说出这句话时，才惊觉这句话是那么熟悉，在两年前的夏天，有个叫季宛凉的男生在同样的地点，问过相似的话，"你有什么话想对我说吗？方言。"我此刻才体味到这句话所饱含的情感。

"再见。"男生说完转身就走了，风停止了，秋虫的鸣叫也停止了，这才是真正的安静。男生的背影像漫画里的美少年一样好看，是所有青春少女动心的对象，修身的衣服走动起来也不会像白衬衫一样摆动。

开门后把布鞋换了，在客厅放下书包，洗了手，安静地坐在餐桌前。"下面那个跟你走在一起的男孩子是谁？"母亲把手放在围裙上擦了擦，帮我拿来了碗筷。"同学。"同样的问话，同样的回答，心情却不能像两年前一样平静，突然觉得有些难过。母亲没有再说什么。

深夜了，我的思绪仍未停止，脑子里季宛凉的身影和男友的重叠在一起，分不清楚，想不明白，我此刻在思念谁。

我想起了夏夜里的第一颗星星，那个傍晚，季宛凉跟夜幕下的星星一样孤单。我没有看见他眼里忽然陨落的光芒，看不见他嘴角来不及掩饰的自嘲，也看不见校服口袋里遮掩不住的信封，我只想到学习了一天筋疲力尽的自己，不想他跟从我到这偏僻街区的原因。

我从床上爬起来，打开了灯，骤然的白光让我的眼睛有些不适，摇晃着走近书桌，从抽屉里取出了同学录，书页崭新得如同从未被翻阅过。轻微的脚步声渐行渐近，母亲打开了门，把顶着乱糟糟头发的头伸进来："阿言，这么晚了还不睡？"我的视线没有离开书页："嗯，快了。"母亲把头退了出去。

"妈，你还记得初三快毕业考试时那个在我们家楼下的男生吗？"我忽然想起那个晚上，母亲说了一句："很眼熟。"

"他不是住在这附近吗，回家经常走在你后面？"母亲重新把头伸了进来，带着不解又说了一句："怎么了吗？"

我知道，我初中的班级只有我一个人住在这老旧的街。"哦，没事，你回去睡吧，等一下下我就睡了。"

母亲再次缩回了身子，把门关上了，轻手轻脚地离开。等到拖鞋摩擦地砖的声音消失，我拿出手机按下了同学录里他的号码，拨了过去。

手机传出"嘟……"的提示音后，我才惊觉自己的莽撞，屏幕显示已经是凌晨一点多了，季宛凉肯定已经休息了，只有心事重重的我夜不能寐。或许他已经忘记了两年前的夏夜，忘记了当初自己的忐忑心事，重归平静的生活，甚至忘记了谁是方言。因为我自己，除了晚风拂起他的衣摆，其他的都忘了。

初秋的夜晚很凉，一直凉到心里，手机接通了，彼端传来他略带怒气的声音，经过手机的扩音，显得冰冷生硬："喂……"

我慌忙地挂断了，尽管他的话余音未了。我不知道该跟他说些什么，好久不见还是你最近好吗，不管说什么都显得我像个疯子，半夜打电话来跟老同学叙旧。把手机放在桌面上，同学录也塞回抽屉，抱着双手窝回了床上，搂着抱枕，沉沉入睡。

就这样算了吧，过各自的生活，相忘于江湖。

时光泛起，不觉成海洋

左 海

预 言

我在所谓的"世界末日"前一天回到家，和爸妈吃了丰盛的晚餐早早睡觉。第二天太阳照常升起，没有黑暗、没有陨石坠落，也没有海底大地震，一切都是原先的样子。大概如网友调侃所说，玛雅人预言的不过是"芥末日"。这一天就好像是某个分割线，虽然虚惊一场，但心里却想要更好地活下去，勇敢面对接下来的人生里所有的挫折和困境，越战越勇。

马 亮

得知安东尼12月31日到武汉签售的确切消息之后，我二话不说买了往返的动车票。这一天，武汉的天气很好，阳光充裕，没有寒风雨雪。由于手机地图给了错误的公交车路线，多坐了七站，等我赶到崇文书城，队伍已经绕了好几排书架。不吃不喝排了四个小时队终于轮到我，面前的安东尼身穿橙色毛衣，短发微卷，眼袋有点儿大，本人比照片好看。他说，你好，接着低头去签书。我说，新年快乐，他抬头笑

105

了笑。

　　人生短短数十载，如果你突然想要去见某个人去做某件事，一定不要犹豫，趁还年轻，趁来得及。"那些我们一直惴惴不安又充满好奇的未来，会在心里隐隐约约地觉得它们是明亮的。"安东尼的这句话，献给热爱生活的你。

我　是　谁

　　1月初，苗与姐在网上说春艳姐找我有事，还逗我听到这话害不害怕，我说有点儿。结果是要我上今年4月的"红人馆"，顿时受宠若惊。贴吧里不少人问左海是谁，说看了三四年"小博"却不认识我，其实心里真的一丁点儿失落情绪都没有。

　　从发第一篇文到现在，换了三个笔名，每年几乎只投两三次稿，不被人记得实在太正常不过了。加入小博作者群之后，认识了好多热爱写作、用心写作的人，"80后"的有，"95后"的有，一年发二三十篇的有，专栏开了几年的也有，我一个懒散不上进的人夹在中间特别尴尬，于是才坚持每个月给苗与姐投稿。接下来的这一年，我希望能写出更多更好的作品，让不认识我的人认识我并记得我，贪心点儿，甚至是喜欢上我。

果　果

　　我当舅舅了，小外甥很给面子，拍照的时候一个劲儿地笑。小时候希望快点儿长大，现在的自己却羡慕那些年少无知的日子。眼前的小家伙什么事情都不懂，乐意就笑不乐意就哭，内心的感情全部真实地表露出来，他从来不管你是谁，他第一眼喜欢上你那就是喜欢你。

　　我把小外甥抱在怀里小声说："果果，等你长大了舅舅教你好好生活的方法，你一定要记住，不论走了多远的路都不要忘记自己原来的样子。"我忘了他还小，听不懂我的话。

双 鱼 座

大二认识了同是"小博"作者的晞微，短发小眼睛，幽默有趣。她给我写信，寄安东尼的明信片。每次她要去上课我都开玩笑叮嘱她路上别玩水，她不甘示弱，时不时在我微博里损我一把。这段时间，我舒舒服服躺在沙发上看电视剧，她却复习备考几乎不上线，希望她能取得好成绩。

答应好的李枫《贝类少年》签名书和零食还没寄出去，但我一定不会忘。

泡 菜

这一年看了很多电视剧，最赞的一部是韩国的《请回答1997》，不刻意矫情，没癌症车祸和坏心眼儿的反派，清新温暖又出类拔萃。卡带磁盘录像，追星跳舞机电子宠物，我相信每个人都能在剧情里看到当年的自己。

有的人长大了，活到二三十岁的年纪就再也不愿回忆从前，觉得人应该要不停向前。其实，就像剧里独白说的："你们要多挣钱，也要多创造回忆才行，只拿着钱是不会高兴的。"还有一句我认为很适合送给当下正挣扎困惑在感情里的男女生："初恋有什么重要的，现在在你身边的人才重要。"

时光泛起，不觉成海洋

程 又 青

我有个很要好的女生朋友，她网名叫"芒果阿菠萝"。上次朋友生日，席间她拉过我的手拍照发微博，开玩笑说终于找到真爱了，惹得不少人追问那男的是谁。掰着指头算算，认识她已经第六个年头，六年时间足够去喜欢上一个人，但现在我们能够勾肩搭背分享秘密，却不是情侣，而是朋友。我对她的感情可以用两句五月天的歌词来表达，以前是"为什么我能飞天也能够遁地，为什么我却没办法长驱直入你的心"，而现在是"也许未来你会找到懂你疼你更好的人，下段旅程你一定会更幸福丰盛"。

我记得有一次她说："彬彬，我好想跟你去西藏，那长长的几乎看不到尽头的天空我好向往，因为我知道，你懂我心中的想法。可是我又不想跟你去，因为虽然你是男的，但是你压根不会照顾我，甚至有可能让我帮你拿行李！"我说："你帮我拿行李，我给你唱《青藏高原》，你赚了。"她听了差儿点拧断我胳膊。

不久前她微博上留言给我说："如果有一天，你像吴青峰一样被很多人喜欢，那我希望我就是你的张悬，被很多喜欢你的人羡慕。你要是成了陈柏霖也无妨，我可以是桂纶镁的。"

梦 想

过去的一年，我认识了一些新朋友，离开了一些旧朋友，看清了一些人的内心，懂得了更多人情世故，终于明白谁是真正对我好的。

过去的一年，我爱上看恐怖片，除去看电影哭过的两三次，其余大部分时间都忙着和人聊段子和捧腹大笑。

过去的一年已经过去，世界末日并没有到来，我还要继续往前走。听过这样一句话，我的梦想只有碗口那么大，却满满当当。小时候想当人民教师科学家，现在的梦想却是开开心心地过好每一天。未来的我可能做着自己喜欢的事情，也可能每天端茶倒水打印文件，但它到底会是什么样子我并不知道。

所以现在的我只想要好好写字，如果连自己热爱的事情都不努力积极地去做，要做好其他事岂不是白日做梦？

时光泛起，不觉成海洋

如果远方能让思念生出翅膀

黄谕洁

现在我只能在时光里回忆你了，宋宋。

你肯定又要骂我文艺泛滥，说我是个文艺的神经病了。这些对女孩子算不上褒义的形容词我却照单全收。我记得你骂我的时候最神采飞扬，露出一排亮晶晶的牙齿。你怎么这么恨我呢，好像我是个神经病让你很开心一样。

我好久没去翻通话记录了，以前我喜欢截图给你哀叹你个死小子叫我给中国电信贡献了好多话费，而现在是"离开了多久分别了多久"这样确切的数目会让我有点儿猝不及防。通电话最凶的那段时间我妈拿着手机来质问我：这个宋宋是谁？

我厚着脸皮说，是宋轻轻啦。

其实是你，宋宋。你跟我抗议说这个名字太过女性化，我思考了一会儿笑嘻嘻地喊了你一声，宋妹妹。

你一直说我在你手机通讯录里存的名字是"陶大壮"，我在你打球的时候偷偷给你拨过电话，你手机上显示的是"阿桃"。是我曾威逼利诱手脚并用输进去的称呼，你没有改过对不对。阿桃阿桃，我喜欢这个名字，很甜很脆，像夏天阳光下的薄荷糖。你说我是淘，淘气的淘；还说像"阿喜"这种接地气的名字才适合我。

去年立春下了一场雪，我半夜爬起来裹一床大被子看雪。冻得哆哆嗦嗦的同时还不忘给你打电话："宋宋，宋宋，下雪了快起床去看。"我还给你声情并茂地吟诗："东风夜放花千树，梦里花开扑簌簌。"你在电话那头嗤嗤地笑："陶喜你文艺病又犯了吧。"我也跟着你笑，那我想叫你出来走走你岂不是要说我病入膏肓？

那天我把手机调成免提塞在被子里，靠着窗户小声地和你说话。我说"宋宋雪下得真大""宋宋你看这雪像不像白砂糖？""宋宋我们明天出去堆雪人好吗""宋宋宋宋"……你的声音越来越低，后来只是淡淡地"嗯"一声。终于我说完之后你不再应声。

我把被子拢得更紧一点儿，想你有没有在做一个有我的梦。

宋宋，你送的糖最后化掉了，在夏天三十七度的高温里融成一摊彩色的糖水。是我把它忘记了，对不起宋宋，我原想把它一直留下去留到白发苍苍再拿出来给我的孙子孙女们讲，看这是你爷爷当年送奶奶的定情信物呢。

其实只是一份生日礼物，还迟到了。是我问你要你才送的，一点儿都不浪漫。买的时候还皱着眉头大声说："陶喜你再吃这么多糖牙齿就要烂光了。"烂光也不关你的事。你不能说一点儿让我高兴的话吗？

你是我遇见过最不会说话的人。毕业前夕，我愁肠百结地让你写同学录，你一边笔走龙蛇一边殷勤地朝我挑眉毛。挑什么挑，丑死了，眉毛都要跳出来了。

你说高中又有一群美女等着你去检阅，你面前就有一个美女你瞎了眼吗！我觉得我没送你一本蔡康永的《说话的艺术》是我做得最错误的事情。你说没事搭讪真正的关键不在于怎么开场，你说你自己就是铮铮发亮箭在弦上随时可以上阵的利器。长得帅了不起吗，又不能当卡刷。

中考我跟你分在一个考场。宋宋，我听老师念考场时几乎要掉眼泪了，我一直攥着你的手，掌心被汗水黏得发腻。听到我和你名字后跟的是同一所学校才好容易松口气，差点儿咬破嘴唇。初中三年每到一个暑假我都送给自己一条裙子，想着一定要穿给你看闪瞎你狗眼，但我没有勇气。

宋宋，我是个胆小鬼。我最勇敢的一次就是在中考的第一天穿上了裙子昂首挺胸地走进考场。一定是冥冥注定让我在第一场结束后在人潮中找到你。

你说，陶喜不准你穿裙子。

"为什么？"

"不为什么。"你凶巴巴地，抢走了我的太阳伞。夏天少年的味道热烈而阳光。我想，好吧，不穿就不穿呗。这个样子，走在你的影子下面就很好。每一场考试我都在分发的草稿纸上写"宋宋，加油"，做到难题心焦气躁时看几眼，会莫名的心安。

我没有看到你填的志愿，你把那些小黑方块捂得死死的，只贱兮兮地冲我笑："哎呀陶喜，不会和你上一个学校的，别看了。"我知道你说的是真的，可是还可笑地幻想你是等着高中报名那天给我一个惊喜。想象一下，你在缴费窗口外拍我的肩膀，说"陶喜我逗你玩的，哈哈，有没有被吓到"。也许我会哭吧。

初中最后一次同学聚会，大家在KTV里群魔乱舞。有人点可乐有人点酒。我老老实实地开可乐喝，细小的泡沫溅到脸上震颤着炸开，有自虐般的快感。你说："陶喜，你怎么不唱歌白白浪费你那把嗓子啊？"我说："唱，怎么不唱？"我把可乐罐扔到沙发底下，大无畏地站起来去抢话筒。我几乎是用喊的说："这首歌是陶喜送给宋宋的！"声音好大在包厢里嗡嗡地荡，荡得我脑袋发晕。我想我必须装成喝醉了的样子，所以我跟跟跄跄地跑去点歌，周华健的《朋友》。我的同学们跟着我唱，在高潮中互相拥抱。

我一直在看着你，宋宋。你也和你那帮朋友一起大声唱歌，目光星星点点的，像撒进一把光芒。点歌中途我把输进去的《小情歌》一个字一个字删掉，重新写《朋友》。我想朋友一生一起走，就一起走吧，不要别的了，不要了。

宋宋，那该是我和你最后的交集了。后来不知怎的疏远了，不知怎的断掉联系。我没办法说清楚，那么不可思议的顺理成章。就好像高中的数学课里讲到幂函数，图像一开始挨得那么近，最后却要渐行渐远，这多像一个悲伤的隐喻。

其实早有预兆的。妈妈拿着手机来问我："你怎么跟这个宋宋打这么多电话？"我说："是宋轻轻。"妈妈说："这是什么称呼？宋宋，送送，不明摆着把人送走吗？"

这么说来是我的错。

初中开学你自我介绍，穿一件宝蓝色的T恤。你有好多蓝色的衣服，深蓝、天蓝、湖水蓝，你甚至可以把适合女生的浅蓝色穿得清新又自然。你说："大家好，我叫宋安笙。"眼神沉静如夜。

一切都仿佛水到渠成。同桌，熟络，朋友，暧昧，毕业，离别。毕业照上我在女生第一排正中间，你在男生最后一排正中间。我想我一定得把最美丽的自己留在照片上，留给你，所以我笑得太过卖力，远不及你的笑容生动而明亮。

"宋安笙。"

"嗯？"

"我叫你宋宋好不好？"

"不好。"

"怎么不好了，多好听一名字啊。乖，宋宋，宋宋。"

……

不做什么，宋安笙。原谅我不经你同意就叫你宋宋，原谅我有你讨厌的矫情和文艺，原谅我擅自在这里写的一大堆关于你的文字。

请你千万千万原谅，迟到了这么久的这一句：

宋安笙，我喜欢你。

113

我们的小时代

紫雪微晴

不要觉得我把你们写得不够美好，我只是本着良心在阐述事实。可是无论如何，我们唯美的故事永远都是青春里最刻骨铭心的一段纯真年华。

1

刷空间动态时，蔡珏慧这条"吐得胃都空了，该死的，姐姐几年没这样过了"就冲进我的眼中。

我瞬间觉得我是在做梦，要不然怎么会有如此不可思议的"说说"在我的脑海盘旋。我捂着我那脆弱的心脏惊恐地说，我受到惊吓了！我是真的受到惊吓了，而且还不小。

"不要告诉我你中暑了，你那么强悍的身体……"

"姐姐再强悍的身体去了二职那样的破地方也被折磨得不成人形了，现在看到饭就有种想吐的感觉，特别是装在那一次性快餐盒里的。"果然不愧是你，生病说话还这样霸气侧漏。

"我还想买凉拌菜，装在一次性快餐盒，去你家慰问你一下的。"别指望我能说出点儿安慰的话来，我就是这样的没心没肺。你看我像那么有心有肺的善男信女吗？大白天的做你的美梦去吧。

"去死！"我能想象那端的你拿着手机躺在床上一副气势汹汹、张牙舞爪的样子，肯定在心里把我凌迟千百万次了。

我的没心没肺又不止这一次。

翻看陈雨婷那厮空间的"说说"，然后这条"珏慧受邀去燕妮家吃饭，由于吃得不饱，一气之下把跳绳的绳子扯断了"就跃入我的眼帘，然后脑海就开始翻箱倒柜了。鉴于珏慧那霸气侧漏，以及她在同学中的口碑"根本不是女的"，我提议我们三个人要大义凛然同时发这条"说说"，引来同学的强烈围观。别急，事情的始末等我慢慢叙述。

珏慧这个人向来坚持的经典原则是"吃饭排第一，男友靠边站"，这是我们经过精密烦琐推证的。所以当珏慧的boy friend什么搞一百只蜡烛在宿舍楼下拿着吉他唱情歌告白这种女孩儿梦中浪漫的情景就不需要了，送价格昂贵的鲜花和巧克力也不必了，买两盒牛肉饭就显得必不可少且更加实惠了。她来我新家吃饭的时候，一副垂涎欲滴的样子还不忘来一句毁形象的话："我根本不懂'矜持'俩字怎么写，所以，我要开吃了！"我真是感慨万千啊！蔡珏慧，如果你懂得"矜持"稍稍含蓄一下、稍稍保留一下女孩儿的羞涩、稍稍按捺你那颗强烈而炽热的吃货的心，也就不会造就你那庞大的体格了。等她像日本鬼子进村那样将饭菜大扫荡后我才弱弱地想起我忘了把家里特大号的碗塞给她了，蔡珏慧特别愤慨地骂着我："你怎么待客的？一点儿待客之道都没有。"上帝作证，我是无辜的。

酒足饭饱之后，开始漫无边际、天南地北地胡吹乱侃。珏慧很邪恶地盯上了我家的那躲在角落的跳绳提议要"拔河"，谁和珏慧拔河绝对是自寻死路。珏慧可以轻而易举掰手腕赢后桌的男生，可以不费吹灰之力将坐在椅子上的俩男生给踢出去，此后还有无数暴力加血腥的画面可证珏慧是个有着女生的外貌实则是有汉子刚健的体格和阳刚之美的综合体。

不知道从哪里来的勇气我们三个决定挑战珏慧，然后一场壮观的"拔河"比赛就开始了。我们紧紧地拽住绳子的一端，而珏慧却在一旁优哉游哉。在敌方过于强大的状况下我们不准备负隅顽抗要放手时，绳子嘣地一下就断了。

看着断成两截的绳子，我们决定为它找个特别体面、特别光荣的理由，是珏慧真的太太太强大太太太剽悍了。为了让珏慧的形象在同学们的心中更加高大更加通俗易懂，我们就发了这条"珏慧受邀去燕妮家吃饭，由于吃得不饱，一气之下把跳绳的绳子扯断了"的"说说"。

为此，我们还差点儿惨遭珏慧的封杀。

2

初夏，天气阴晴不定。阳光躲在大朵大朵乌云的背后，却依旧射向大地，留下燥热的气息，又悄悄藏进厚厚的灰色云层里。阴天，就这样默然地穿梭在整片苍穹。

在秋欣一脸视死如归抱着物理书问珏慧物理题，第三次仍摇头说不懂时，我觉得珏慧的脸就像窗外的天，我不知道过一会儿是不是就该风雨大作了。

珏慧那炯炯有神的眼睛瞪着秋欣，请进行你那丰富的想象力，努力描绘一副天塌了地裂了海啸爆发了彗星撞地球了的各种可怕的画面，然后安放在珏慧的脸上就是她现在的表情了。她咬牙切齿地对秋欣说："如果有一群鸟，你肯定是最先飞的那只鸟。"

笨鸟先飞。不错，蔡珏慧终于懂得含蓄委婉了。

秋欣一副很受伤的表情很无辜地看着我，继而揪着我洁白的校服，说："珏慧竟然说我是大笨鸟，她竟然说我是大笨鸟，我好伤心……"她语无伦次地重复着。我一边惊叹珏慧的聪明才智，一边又为秋欣抱打不平。

然后，我特大义凛然地想荆轲要刺杀秦王那时的表情都没我悲壮，转过去特不要命地说："我说，秋欣是大笨鸟，但总比你好。"说到这儿我还特意挑挑眉，"总比你想飞也飞不起来（鉴于珏慧的体重超乎想象）……"

此话一出，我的后背就被珏慧那汉子狠狠地捅了，都能清晰地听到我的骨头碎掉的声音。我终于亲身体验了什么叫作祸从口出！这家伙，光天化日，明目张胆地行凶。差点儿让我撒手人寰。

陈雨婷还不忘幸灾乐祸来一句："燕妮，你就不要抱怨了，珏慧才使出那么一点点力啊，要是她狠点儿，你就半身不遂了。"

得，看看，我的损友还不是一般的损。好歹也安慰一下我受伤的心灵呀，挨打的可是我。陈雨婷只是站着说话不腰疼而已。

教室外边的紫荆树上硕大的叶子在风中摇曳，淡紫色的紫荆花娇艳地盛开。路边的小径长满密密的草，深触到纤细的脚踝，又会羞涩地缩回去。这些会永远存在于这个校园的靓丽风景中，会铭记着这段晶莹剔透的美好年华。

3

看过《小时代》的人都会知道有唐宛如这种性格剽悍的人存在，珏慧就是典型的、活生生活在我们生活里的"唐宛如"。

然后我下了很大的决心（陈雨婷建议我先买保险，我妈养我这样大不容易，她却十分腹黑地死皮赖脸要我将受益人写成她的名字，这损友当得真称职！）问珏慧："你看过《小时代》了吧，你最像其中的谁？"

珏慧瞪大眼睛，以气吞吐山河的气势、雷霆万钧的声音指着我说："燕妮，你要是敢说我像唐宛如的话，我就把你从三楼这里扔下去！"

我想起《小时代》里的林萧活得不耐烦地用言语去攻击唐宛如，然后迅速跑进房间关上门。唐宛如在门外用震耳欲聋的声音对着林萧大喊："林萧，我要把你浸猪笼！"

这气势，简直是从一个模子刻出来的。所以说，珏慧发火，后果不堪设想。

我一直想不明白像她这种危险的生物怎么能生活在地球上呢？

夏天的夜晚还有着燥热的气息。我们四个人在空旷的大街上，路灯下有着忽明忽暗的影子。迎面而来一辆汽车，秋欣拽着珏慧的手臂，很深情款款地对着珏慧说："珏慧，救我。"珏慧竟然一反常态，含情脉脉地说："我会保护你的！"

不去演琼瑶的戏你们真是太可惜了。

看着珏慧的表情，秋欣笑着说："其实是保持在安全的距离里，要不然珏慧早撇下我跑了。"

"那是！"珏慧理所当然地回答。

蔡珏慧，你刚刚在我心里所建立的美好形象就这样轰然倒塌了，你能不能不要那么快就暴露你的真面目？

4

这是属于我们的小时代。

永远没心没肺地得失彼此，毫无遮拦地把彼此的缺点搬出来说三道四还不忘添油加醋，我们四个人的生活便这样屁颠屁颠地过去了。

陈雨婷和蔡珏慧威逼加利诱硬要我把这篇文拿给她们看，还说要我在校报上搞个连载。结果拿给她们看，看完后这俩人很不乐意，联合起来把我给围殴了，还不忘愤愤地说："燕妮，你不能这样，你应该把我们写好些，塑造我们美好高大的形象才对。"你们有形象吗？怎么我一点儿都不知道呢。

陪我一起疯狂的你们，和你们一起我始终是快乐的。各种各样的语言攻击，花样百出的暴力方式。抬头间，头顶的天空纯粹的蓝天有飞机飞过的痕迹。

我觉得每个人都会想和一群好朋友住在一个大房子里，像《小时代》里面的一样。等我有钱了，我也买大房子。然后我可以想象那情景。

　　珏慧肯定拿着特大号的碗装着饭，一边目不转睛地看《海贼王》一边张牙舞爪。雨婷呢肯定拿着一本小说，愤愤不平地说这叫啥小说，不是主角死了就是坐牢了，然后可怜巴巴地对我说："燕妮，我去叫×××（某作者）改结局好不好？"秋欣肯定堵在电脑前看各种各样的电影，然后会哗啦啦地发表长篇大论。我们可以挤在一张大大的床上，各种打闹后沉沉地睡去。月光透过玻璃倾泻流淌在我们安静又美好的面容上。我想，果真这样，这段抵足相安的美好会一直以最美丽的姿势华丽地盛开在我们生命的温暖里。

　　你们已经陪我走了很长很长的青春了，那么就继续陪着我走到世界终结吧。我不允许谁中途离场。

119

时光泛起·不觉成海洋

我能不能和你从长计议

紫雪微晴

1. 什么时候，我们不在同一频率里生活了

秋欣打电话给我时，我正在焦头烂额地忙着月考。

她说，我们好久没有出去了，星期六出去吧！

我握着听筒，在心里打着腹稿，该怎么回答才能既显出我很想出去但月考比出去玩更重要呢。我迟疑地开口："我这星期要月考。"

她陡然提高了声调，发出一个简单的单音节："啊？"

她不知道，一个简单的"啊"通过缠缠绕绕的电线到达我的耳蜗时，是放大的难过加失望，密密麻麻地填充着我的心。

秋欣和雨婷在一中，每星期放两天的假，只有期中考和期末考，日子过得很轻松。珏慧在外地，隔一个星期才回来那么一次。而我，生活在能把人榨干的重点学校里，一摞摞的作业，无穷无尽惨绝人寰的考试，只有星期日可以稍微偷懒。我和她们，时间上是错开的。以前基本上一个月的小聚，现在变成两个月的不联系。我也不知道，从什么时候开始，我们不在同一频率里生活了。

每次刷动态时，看见她们发表的"说说"我无法理解，失落就会在心里横冲直撞。珏慧晒和她的室友亲密的合照，我心里也会觉得心酸

120

无比。那时候我们总嚷嚷要和珏慧拍照，她总是拒绝，难道会改变是因为最重要的人在她的身边？我该如何感慨，岁月对人伟大的重塑能力。

每次看见穿着我们曾经穿过的校服的她们，心里总会泛起一股熟悉感，想起初中那样纯净湛蓝的时光。

曾经的我们几个总是没心没肺，觉得无聊时就会想要去精神攻击珏慧。在我的怂恿下，秋欣撰写了一张关乎生死的纸条："You are homeland's tree(你是祖国的大树)，又粗又壮！"然后扔给珏慧。

看完之后，珏慧阴森凛冽的声音响起："秋欣！！！"

秋欣迅速把烂摊子丢给我："燕妮叫我写的。"还一脸无辜地笑起来。

暴力加血腥的珏慧二话不说就用笔狠狠地捅了我的后背，清脆的声响可以证实我的疼痛是货真价实的。陈雨婷那厮抱着看好戏的心态指着我说："看看燕妮一副小鸟依人的样子，你怎么好意思残暴地下手？"

珏慧故作可爱状趴在雨婷的肩上，十分妩媚地说："我是大鸟依人！"

这一场面差点儿亮瞎我和秋欣的眼。好在我们对珏慧这种生物已经免疫了。

"谁让你依了？"雨婷不但丢下一卡车白眼，还不屑地扔下这句话。后来，雨婷真真切切地体会了什么叫作祸从口出。然后我们就会听见雨婷这样一个花季少女在光天化日下发出凄凉的哀号声："我的腰！"

珏慧一脸淡定："你没有腰（你见过哪个体重突破三位数的女生有着婀娜多姿的小蛮腰？）！"于是战争开始升级，我和秋欣观看着她俩的刀光剑影、血雨腥风。秋欣还乐滋滋地说："我们应该去买爆米花，边看边吃。"我郑重地点点头，为她的想法在心里点三十二个赞。

······

那样的岁月多么像刚绽放的花朵般纯真。而现在，曾经葱茏的万

121

物，绮丽的时光，清脆放肆的笑声，大大咧咧的我们，都被拓成记忆的底片。

我不知道什么时候，我可以学会接受，我们已经不在同一频率里的事实。

我能不能郑重地和岁月从长计议，别让我们的故事戛然而止。

2．在时光里渐行渐远的你

我在校门口看见你。你双手插在口袋里，一米八的个子在人群里显得很突兀，你身边站着你的兄弟。你明明不是一个人，可你的背影在我看来既萧条又落寞，像极了冬天应有的悲怆感觉。

我没有叫你。在你的后面小心翼翼地走着。不知道什么时候开始，我连和你寒暄都失去了勇气。而最初的我们，都不是这样冷淡的疏离。

那时候你是我的前桌，你还没有那么高。坐在我前面的同学都逃不过用笔戳他的后背这样悲惨的命运。想认真听课时就会嫌你坐得太端正了碍着我的视线，就用笔捅你示意你趴下去一点儿；想偷懒睡觉时也同样地用笔戳你的后背，让你挺直身板遮挡老师灼灼的目光。于是乎，在我用笔戳你让你在上课期间还做上下运动时，你的身高终于不负众望地蹿到了一米八。

然后，你再也不是我的前桌了。

可那又有什么关系呢，我依旧在你的耳旁嚣张跋扈地说："你欠我的，还不清了。"

你要无赖又一脸欠揍地说："欠你的太多，我不打算还了！"我气急败坏地看着你，你的嘴角微微上扬一副死不认账的欠扁的样子。我真想把你扔到外太空，就让你一直当太空垃圾。

何谓"欠"字之说呢？就是姑娘我闲着没事给你牵了一条红线，看来那时的我是真担心你这样神经大条的人怎么解决终身大事。在我的撮合下，你和隔壁班那个笑起来很妩媚的女生在一起了，你们如胶似漆羡煞旁人地在一起了。偶尔你和她闹矛盾，便会跑来找我想办法。看你很忧郁，便会微微地心疼。我绞尽脑汁帮你想办法，在姑娘我聪明的计策里，你们和好如初。

我很认真地思考我们之间的关系，是要好的同学，是最好的朋友，还是我是你感情的"垃圾桶"兼专职"爱情顾问"？

是什么关系无法定义，也无所谓了是吧。没事吵吵闹闹，受伤了难过了彼此相互安慰相互取暖。我们，相互依存相互扶持却一直不离不弃。

你常常和我传纸条。我们有三张桌子的距离，后桌的家伙总是和我抱怨，说我们总是这样。我从来只有微笑地耸耸肩，心里却溢出来了悲伤，我们之间的时间还有多少。蝉声已经开始在夏天里喧哗。哪个神奇的雕刻家可以把彼此的一举一动刻进脑海里，成为古老的纪念，永远挥之不去呢。

就算记忆再怎么好，我们终究敌不过岁月伟大的力量，将你温暖的笑容蜕变成冷漠的面容。而我们之间曾华丽盛开过的时光终究也被扔进岁月的黑色匣子里，不再打开。

123

现在，我们连打招呼都会陷入长长的尴尬，那凝在空气里冰冷的疏离最后使我落荒而逃。我们之间，只剩一连串的沉默。

那时的我们都不是这个模样。你常常说一些"刺激"我的话来逼我暴露出女汉子剽悍的本质，这时我总会猛地跳起来狠踩你的脚。你一脸的惊悚，耸耸肩然后无可奈何地说："这是我刚洗的鞋，我告诉别人你欺负我。"憋屈的表情，让本来怒火中烧的我忘了生气扑哧笑了出来。

你已经在那纯净的时光里渐行渐远，而我又何尝不是呢，那个嚣张跋扈完全没形象的我也消失不见了。

我能不能和岁月从长计议，让我们都还是最初的模样。

3. 高三，十八岁

在这个明亮热烈的夏天里，我十八岁了，标准的"高三党"。

走走停停，跌跌撞撞，掠过有始无终的绮丽，遗忘时光久远的叹息，我就这样被推到了青春的尾巴上，残酷的高三里。

看着那些青春年轻的脸庞，那些肆无忌惮的笑容，觉得自己怎么就这样老了。明明快十八岁了，穿着我们学校高中部的校服，还是会被人认为只有十三四岁。每次别人这样说我只好微笑地说："肯定是我看起来太年轻了！"

每天都是半梦半醒的状态游离到学校。有几天熬夜特别厉害，黑眼圈好重，再加上风对我的发型的塑造，一同学在楼梯口看见我，就用打量外星人的眼光打量我，用惊悚的语气问我："你昨天奋战到了几点？一脸的沧桑！"

到了教室，我撂下书包，特愤愤不平地说："好可恶，有人竟然说我沧桑，我一个豆蔻年华的女子怎么会与沧桑这样岁月久远的词汇联系在一起？"

阿静特鄙视我："快十八的人还敢说自己是豆蔻年华？"

我义正严明地反抗："别人都觉得我只有十三四岁，那我只有从心理认知自己真的只有十三四岁！"

"那是人家善意的谎言！"这三人异口同声地反驳我。

……

你们是在羡慕嫉妒恨。姑娘我不和你们一般计较。

可是这样的自我安慰又能持续多久呢？我是真的快十八岁了，我是真的快要迈进传说中的高三了。

十八岁，这意味着以后再也不能口无遮拦地得罪别人，也不能像个小孩子一样任性妄为。要学会主动去承受生命中或好或坏的馈赠，要学会把孤立无援藏在背后勇敢往前走，面对误会面对中伤要学会不动声色地微笑。

而高考，炼狱般的高三，终于跨着轻轻缓缓的步子悄无声息地来到我身边。往后的我，应该要学会忍耐，去忍耐比现在更刻苦的生活。漫长而燥热的夏天快要来了，那些摇摇欲坠又昏昏沉沉的小骄傲都应该收拾好，重新启程。

十八岁，高三。岁月，你能不能别让它们来得那么迅速呢。

4．岁月，我能不能和你从长计议

日光渐稀，才惦记起时间的方向。

而我终于明白有些时光终会逝去，在内心里热烈地恳切着岁月能把温暖斑斓的记忆完整无损地保存着。

我也终于知道，那些改变、那些离别、那些不能改变的现实，我都要统统学会去接受。只有接受才是坚强，让岁月教会我接受。

岁月，让我们对青春从长计议吧。

时光泛起，不觉成海洋

独向苏州，遇见你

海豚同学

　　7月的风带着一丝燥热拂过我的脸庞，徒留我在苏州动车站出口四处张望。这是一场计划已久的出逃，是给中考后的自己的一次放逐——一个人由家乡坐火车到合肥，搭乘动车前往苏州，再到上海。我以为我计划得很好，但是在这座陌生又庞大的城市面前，我还是迷失了方向。

　　包里的手机忽然响了起来，是QQ上的信息——陌生的头像，陌生的昵称，"你要来苏州了？"我愣了一分钟，在脑海里各种搜索有关苏州的朋友，但结果还是空白。我回了句："嗯，你怎么知道？"二十秒后，对方说："因为我看到了你的'说说'啊！你要是到了苏州我可以给你当导游的哦。"我们开始攀谈，她说是早些年在一个论坛里认识我的，那时候的我混到了版主的位子，很有威信，她加了我的QQ，便一直留着。最后，我们的对话以在车站附近的KFC碰面结束。

　　等了大概一刻钟，我的手机开始响了起来："我到KFC了，你呢？我穿着海绵宝宝的T恤。你在哪儿呢？"我默默地看了一眼坐在我旁边的那个四处张望的小女生，假装咳嗽了几声，她转过头来，惊呼："啊，海豚，是你啊？我叫楠子。我给你当导游，好不好？"我点了点头。她笑起来，很好看的样子。

　　我背着巨大的行囊和她拥抱，心里之前的疑虑化为乌有。你若问我为何这么容易相信一个只在网络上聊过几句的人，我只能告诉你我在这一刻相信了缘分。

她拉着我的手问："想去哪些地方？"我说："我要去拙政园、要去寒山寺、要去听昆曲、要去坐摩天轮、要去步行街。"她笑着一一答应，看了看手表，说："才下午两点呢，步行街要晚上才好玩呢。我带你先去苏科院的宾馆里住下再带你去找好吃的！"这句话沸腾了一个吃货的心，我小鸡啄米似的点头说好，她起身，帮我拎着那个巨大的包，用独特的吴侬软语说了一句话，我听不懂。

暮色渐沉，我和她窝在一家概念书店里喝咖啡看老书听小清新写明信片装文艺。随后我接到了来自爸爸的第一个电话，他问我："一切可还安好？"我看了看在旁边认真写明信片的楠子，回道，"一切安好。"挂完电话，她不解地看着我，问我用家乡话都说了些什么。我笑着说我在给家里人报平安。她惊讶道："我以为你是逃出来的呢！"我无奈地耸耸肩："我倒是想啊，可是中考成绩达到了标准，他们就让我出来了啊！"楠子有点儿小失望的样子，要和我说一个秘密。

其实，楠子无条件地给我当导游也不是没有原因的。

楠子初二那年期末考的成绩不遂人愿，要升初三了，她爸妈看着那在及格边缘彷徨的理科成绩，便报数理化的辅导班轮着给她上。江南水乡里的女孩子总是温柔纯顺的，楠子安安静静地在各类辅导班之间徘徊。可是有一天，她厌倦了，她不想再去理会那些复杂的理科问题了。她策划了一场出逃。

出逃的目的地其实不远，就在靠近苏州的周庄，只有两天。两天后，她又做回了那个安静的准初三生。她说："我不想叛逆，我只想出去松一口气，该面对的还是要面对的吧。"我惊讶于我们想法的相似度。告诉她，我这次出来也是为了松一口气，暑假过后的高一，我想我会更勇敢去面对的。她悄悄凑近我的耳边对我说："流浪，是每个少年的心事。"我握着温热的咖啡，只能闪着泪光点着头。

怎么会遇到这样一个与自己相似的人？同样的星座同样的怪癖，同样喜欢厦门，同样喜欢旅行，同样是别人眼中听话的好学生却同样有着小小的心思。我将这一场遇见的美丽归结为缘分，于是那天晚上在逛步行街的时候，我在一家饰品店里看中了一款情侣手链，执意要买下和她一起戴上，她欣然接受。在凉亭里，她问我知不知道她第一次见我时用苏州话说了什么，我摇了摇头。她哈哈地笑了起来："我是说，你这娃子还真是单纯，不怕被我拐了啊？"我晃了晃手链："那么，你不是把我拐到手了吗？"

在拙政园里我们一起拍下瓦蓝瓦蓝的天空，在寒山寺里我们一起敲钟，在昆曲馆里我们一起潜入后台的化妆室央求穿上服装戴上配饰，在那个很高很高的摩天轮上我告诉她三年后我会再来的，在那列开往上海的动车前，她一直和我挥着手直到消失在视线里。

听过了太多次《旅行的意义》，但心心念念的还是那个江南水乡里的温暖的女孩子，你应该是我的另一个存在吧？不然我怎么会在自己一直向往的地方遇见一个相同的自己呢？

我们都是好孩子，都是骄傲的孩子。泼墨山水中的那个佳人，何时，我们会再次上演一场美丽的遇见呢？

天亮说晚安

夜，从来没有这么漫长过。

心，一片沉寂……

12点的钟声敲响，我轻轻合上了手机，轻轻说了声"晚安"，对你，对自己，对那些个敢爱敢恨，全力以赴的日子。

我会习惯，没有人对我说"晚安"的日子。

也会习惯，跟没有人说"晚安"的日子。

12点已过，美好的一天即将开始。

我听见来自昨天的一声轻轻的"晚安"。

然后，天亮了。

带我流浪的你早已远去

杨西西

今天整理书橱时，发现你给我买的小博。我翻开第一面，左下角写着"2017年12月17日（××购）"，我带着浓浓的鼻音浅浅地笑了起来。

2017年12月17日。

午休时间。

班上很安静，大多数同学都已经睡了，我努力攻克一道数学难题，支着头努力不让自己倒下。门吱呀开了，一阵冷风吹来，大腿感觉凉飕飕的。坐在第一排的悲哀。

我抬起头，看到你后，眼睛突然一亮。

你弯起嘴角，笑得很灿烂。

你右手微微向后捂着，我眼神示意你拿出左手的东西，你腼腆地笑着，微微摇头。忽然，你快走几步，右手接触到我裸露在空气中的后颈。我睡意全消，条件反射地缩着后颈，皱着眉头说："怎么会那么凉？"我压低声音害怕打扰到午休的同学。

"刚刚在寝室里洗衣服，挺冷的。"你吸吸鼻子，"对了，刚刚路过报刊亭，看到了这个。"你伸出左手，把12月B的小博放在我桌子上。

我笑眯眯地看你。

是感动吧？毕竟，那时候我们的关系，友达以上，恋人未满。

感冒好像越来越严重了。头昏昏沉沉的，所触视线之内是独木舟的书整齐地摆放在书柜的第二排。

"我举着一枝花，等你带我去流浪……"我轻轻念出来。

舟舟始终是个传奇女子。二十开外的年龄，却做着如十八岁一样疯狂的事情，她去过多少地方呢，有我最爱的西藏，想象长发如墨的她趴在地上对大昭寺顶礼膜拜，去过清迈，去过云南丽江。

曾经也有一个少年，用好听的声音说，我带你去流浪。

那段时间特别特别喜欢舟舟，整天像魔一样念那句话。

某天，体育课。

我和你躺在草地上，太阳光太强烈，我眯起眼睛，因紧张而大口呼吸着新鲜空气。我忽然说："我举着一枝花，等你带我去流浪。"

"你想去流浪啊？"你挺起身子问我。

我眯着眼睛看你，你的面容有些模糊，耳旁的碎发就像在发光。

我看呆了，有些眩晕，忘了呼吸。

"我带你去流浪吧？"你自顾自欣喜地说。

那一刻，我真怀疑我听错了，耳朵里像有千万只小蜜蜂嗡嗡作响。可是，头顶上强烈的太阳光提醒我这是真的，旁边的少年提醒我这是真的。

"嗯嗯。"

你不好意思地挠挠脑袋，不知道是太阳光太热还是我看错了，你脸红了。

我对你微微笑："要是有一天，我消失了，你会去找我吗？"

"找你，去厦门吗？"你不安的神情爬上脸，下意识地抓了我的手。你知道我最想去的地方是厦门。

我没有说话，闭上眼睛，继续晒太阳，只是，你的手颤抖着，却一如往常的温暖。

"有时候，我怎么感觉我不懂你呢？"

你的声音略带任性，很小，但还是传到我的耳朵里，笑容在我唇边开出一朵花，不美不艳，有些忧伤。

头越来越重了，索性大方地躺在床上，难受得呼吸不过来，痛苦的感受让我想起失去你那般昏天暗地的日子。

半夜会忽然惊醒，坐在床上呆呆地望着四周，然后趿拉着拖鞋下楼，跑到厨房拿酸奶喝。

我假装很开心地面对生活，特别在有你的场合，笑得特大声，让你知道离开你的我很坚强。

失去你的那天晚上，我做了一个梦。梦见你背着一个蓝色背包，倔强地向前走，头也不回。你说："我给你手机充了很多话费，想我的时候给我打电话，我要去流浪了。"我张着嘴却说不出一句话来，只能看着你的背影渐行渐远，一抹眼，指尖湿润。

如同此刻。

后来，我去当当网买了舟舟的新书《我亦飘零久》。

我觉得舟舟好幸运，带着她的伤她的痛去流浪，去实现她的梦想，做一个自由的织梦人。

我在狭窄的房间写下这篇文，还有七个月，我也自由了。

只是身边的少年不在，我用眼泪用坚强告诉自己，不要想了。也是你，让我成了不可一世倔强的元气女王。

我一点儿也不难过，真的。我知道，你要去追求你的幸福了。我站在十七与十八岁的交接处，望着远方浅笑，与你挥手告别。

终有一天，你回首，发现笑靥如花却泪流满面的我。

再见，少年。

光棍促成记

木各格

傍晚被我同宿硬拖去打网球时，很不幸地得知这哥们儿交往了三年的女朋友跟他分手了。于是晚上12点多当我飘去厨房倒水看到某位平常没啥不良生活习性的仁兄坐在客厅里堆着好几瓶Heineken借酒消愁时，我突然觉得爱情这东西有时候真是害人不浅呐，你看好好的一小伙子被整成这样。

"少喝点儿，很晚了，早点儿睡吧。"我将一杯酸奶递给他，杵在原地进行着激烈的思想斗争：到底要不要留下来安慰安慰这哥们儿？怎么着论交情也是应该的啊，可是为了补请假落下的功课已经一宿没睡还被拉去运动的人实在没什么精力了。

"格子，你说三年的感情，怎么说分就分了呢？"得，还没等我拿定主意，这哥们儿先发话了。

"没感觉了吧。"我又不是当事人，说什么都不过是个人的猜测，想知道你得问她去呀，这不为难我吗。

"可是我仍然爱着她啊。"同宿抬头看了我一眼，如是说。也就是这一眼让我实在不好意思说我太困了想去睡觉。

"爱是两个人的事，如果只剩下你还执着着，纠缠着，原地打滚痛苦地爱着，时过境迁之后，你会发现，不过是自己挖了坑，将最美好的年岁都埋葬在一段已经无法挽回的感情里。"

"我不过是来这里当一年半的交换生，她明明说会等我的，怎么就喜欢上别人了呢？"

我将几个空酒瓶挪开，在地上找了个位置坐下，看着这哥们儿跟喝白开水似的往嘴里送酒，忍不住琢磨他是不是醉了。

"NBA一分钟都能扭转赛局，更何况是一年半。爱情有时压根儿就没有原因可寻，对上眼了不过是几秒钟的事。"

那家伙点了点头，不过我估计他根本没听进去，自顾自开了瓶酒递给我。

"我不喝酒，谢谢。"

"你不会在自己公寓里还死守着'未到法定年龄不能饮酒'的条律吧？"同宿鄙夷地看着我，语气怎么听都让人有种想将他痛扁一顿的冲动。

"我像是那么遵纪守法的人吗？单纯地不喝酒罢了。"我很没形象地翻了个白眼，"更何况你都喝成这样了，我要是跟着醉了，万一你一时想不开谁拉着你啊。"

"放心，我还很清醒，"同宿将酒拿回去自个儿喝开了，"我第一次见到你的时候觉得这女生根本一点儿都不漂亮嘛，不能比啊。"

"你可以直接用'丑'这个字的，不必那么委婉，我扛得住。"话说回来，这是清醒的人会说的话吗？！

"不过后来相处下来，感觉很不错……我说你啊，太理性的话有时候生活会很无趣啊。没事天天在那儿傻乐个什么劲啊……"

"我这样不也过得挺好。生活本来就无法事事如意，要是不乐观一点儿，哪来的勇气活下去？！"我抱着双腿坐在原地，将下巴抵在膝盖上，眯着眼盯着我对面那厮，连白眼都懒得翻了，这难道就是传说中的酒后吐真言？

"不就分手嘛，有什么了不起的。我也能约会去……"这家伙，果然是喝醉了。

没什么了不起你至于把自己颓成这样？！我夺过他手上未喝完的

半瓶酒，起身准备拿去厨房倒掉。

"喂，还没喝完呢。"某醉鬼拉住我。

"都几点了还喝什么，明早还得上课呢，我可不想周一就迟到！"我克制住一脚将这货踹开的冲动，拍拍他的肩膀："何必那么看不开，不就是失个恋。去睡吧，总会好的。"

"这里，"同宿指了指自己心脏的位置，"这里很难受……格子你根本就不懂，你怎么会理解……没有温度的家伙！根本什么都不放在心上。"

所以说，我讨厌醉鬼，根本不知道自己在说些什么，而清醒的人也只能自我催眠这是他酒后说胡话，绝对没有恶意。

"那又怎样？既然人家不爱你了，你又何必念念不忘跟自己过不去？人心才多大，什么都放进去如何承受得了？！"我蹲下身直视着他，指着自己心脏的位置一字一句地说："这里，装着真正值得你在乎的人就够了，弃你而去者，留着不过是浪费空间。"语气严肃得连我自己都吓了一跳。

"你有时候真是让人讨厌。"同宿向后倒去靠在沙发的扶手上，闭上眼睛如是说。

"那还真是不好意思啊，我就这德行。"我没好气地回了句，将地上的酒瓶收拾到厨房里。再回到客厅时，那家伙似乎已经靠着沙发睡着了。

"晚安。"我将灯关掉，在一片漆黑中轻手轻脚地走回房间。

过去的一页，能不翻就不要翻，翻落了灰尘迷了双眼，只会徒增伤感，有些记忆就让它流失在时光里，放手了，才能抓住真正属于自己的。

135

何以时光陌

若宇寒

"某个城，某条街，某一条小巷，某一扇车窗，某风景，唤醒惆怅。"街边的音像店飘出了刘若英温暖的声音。

可是这声音却不小心地击中了我内心中那块最柔软的地方，让我突然想起了你。

苏以陌，如果可以的话，我多想再次回到那个有你的夏天，与你共度那段旧时光。

1

那是2016年的初夏。白衬衣、短头发，彼时的我，十八岁。

高考的前一天，教室里压抑得让我喘不过来气，我拎起双肩包趁班主任不注意就从后门溜了出去。

学校旁边的街角新开了家奶茶店。红木门、老式窗户、暖黄色的亮光，并且有着一个很文艺的店名：Sunshine。

苏以陌，我在想，如果那天我没有逃课，没有走进那家小店，或许就不会遇见你，就不会有那之后所发生的一切的一切。

可是你知道的，没有如果。

白皮肤，月牙眼，披肩波浪卷发，波西米亚长裙，那是我第一次见到你。

"小朋友，盯着别人看可是不礼貌的哦。"

小朋友？我诧异地望着你，突然意识到了你口中所说的小朋友竟然是我。可是当我正想发火解释我不是小朋友的时候，突然就与你精致的月牙眼四目相对。

我慌乱得不知所措。

墙上的水单突然解救了我，蓝莓之夜、大隐隐于市、查理的巧克力工厂……说实话，我不是文艺青年，不过，我还真是挺喜欢这些矫情的名字。

"大隐隐于市"，我随便点了一杯饮品。

"小朋友明天高考是吧，那今天还敢逃课？不乖哦。"正煮着奶茶的你突然抬头对我说道。

"老板，这儿还缺人吗？"我没有接你的话，而是另外转移了一个话题。

"缺。"你很仔细地打量了我一下，似乎在看我够不够格。

2

交完那张几乎空白的英语试卷，我直奔Sunshine。不知道为什么，当时我的脚就不由自主地往这个方向走，或许这就是传说中的磁场吸引吧。

"小朋友，过来，这个是配料表，商业机密，今天请务必背熟它。"

"能叫我名字吗？"我的心里愤愤不平，可是还是双手接过了那张配料表坐在一旁开始默背。

我还记得当我把那张配料表交还给你的时候。你看着我，眼眸很干净，让我明天上午9点直接来上班。

"我想今晚先习惯下，待到晚上9点再走。"

你故作严肃地对我说："可不算工资的哦。"

"这个……我知道的，只是想留下。"

苏以陌，你知道吗，那段日子我过得真的很开心。

"笨小孩儿，你刚才是不是又搞错了，把迷迭香加进了'轻舞飞扬'，而把咖啡加进了'大隐隐于市'？小心我扣你工资！"

刚开始的几天，时常都会有这样的情况发生。

闲暇的时光，你总会坐在店门口画杂志插图，你认真的样子真的很令我着迷，所以你可能不知道还有个我，把你也画进了心里。

6月25日的上午，你突然很严肃地问我："考得怎么样？"

"不怎么样。"

之后你拿起了画板，不再跟我说话。

不知道为什么，我就是感觉你生气了，突然，我不知道哪里来的勇气，从你的身后紧紧抱住了你。你怔了一下，可是并没有推开我。

"以陌，不是我不努力读书，我知道，就算我考上了大学，我妈一个人也付不起我的学费。"

我把头深深地埋进了你的脖颈。

"苏以陌，我喜欢你，我们在一起吧。"鬼使神差的我竟然向你表了白，而且方法还是这么的拙劣，可是你并没有拒绝。

苏以陌，你说如果当时的你一下子推开了我，结局又会是怎么样？

3

一起煮奶茶，一起磨咖啡，一起烤面包片。我们聊音乐、聊电影。闲暇时光你画画我就蹲在你身边把头枕在你的腿上给你扇着扇子，日子真是简单而又美好。

那时的我常常在想，如果时间就这样定格的话，那该有多好啊。

苏以陌，你说我傻不傻。

那年的7月，店里的生意格外的好，有时候闲了，你也会和客人聊上几句。

"你们姐弟俩年纪轻，经营这家店不容易啊，感情还这么好，真难得。"

每次听到这样的赞美你都会黯然失色。

当客人走后看见你苍白的脸，我会轻轻地扳开你的手指，然后把你紧紧地搂在怀里。因为我必须要给你足够的安全感，让你幸福。

那一年，你二十五岁。

8月，阳光碎碎的，很好看，透过门口的那棵香樟，桌子上留下了斑驳的影，我试图去抓住它们，可是无论我怎么努力也始终抓不住。

因为前一晚的疏忽，我把钱包遗忘在了Sunshine，第二天一大早我就看见你呆呆地望着我的钱包发呆。

"哟，望物思夫啊你，这不这不，本公子不是来了嘛。"我向你打趣道。

"别闹，你以前……姓路？"你轻轻地推开了我，拿着我原来的身份证认真地看着我。

"是啊，原来随父姓，现在随母姓喽。"

然后我看见你继续望着那张旧身份证发呆，似乎在想些什么事情。

苏以陌，如果我多关心你一点儿，早点儿知道真相的话，最后的我们是不是也就不会伤得这么深。

转眼，8月已经过去了大半，学校里复读生已经开始上课了。我每天坐在Sunshine的门口望着来来往往的他们，心里竟涌出一丝失落。

你搂着我的脖颈问我，真的不复读？我轻轻地在你的额上留下了一个浅浅的吻，似乎在告诉你我的答案。

前方一个熟悉的身影经过，看见我时他迎了上来揉了一下我的头发："小扬，好久不见啊。"

阿飞哥是爸爸生前工厂里的一个小徒弟，我也礼貌地喊了他一声。

可是当阿飞哥看见我身后的你时，却突然地收起了笑脸。

4

阿飞哥没有说什么，简单的和我寒暄了几句就离开了。

"小扬……"你突然停下了笔，转头看了看趴在桌子上无精打采的我。

"别，什么都别和我解释，我不在乎的。"我一下子抱住了你，抱得很紧很紧。

"小扬，别这样，事情不是你想象的那样，或许，比你想象的还要严重。"你一下子推开了我，我迎上了你挂满了泪水的双眸，心一下子就揪了起来。

转身，却看见了母亲愤怒的脸。

苏以陌，如果那一晚阿飞哥没有去我家吃晚饭，也就不会把钱包落在我家，如果他不把钱包落在我家，我妈也就不会急急忙忙地出来追赶他，也就不会看到我身后的你。

只是你知道的，没有如果。

回到家里，母亲告诉我，她说，你就是当年那个破坏我家庭的第三者，如果不是为了你，父亲也不会出车祸。说完，她坐在沙发上哭得歇斯底里。

那一晚，我彻底失眠了。

我躺在床上翻来覆去地睡不着，脑海中出现的却全是我们在一起时的各种甜蜜。

第二天，我还是去了Sunshine，因为我想让我们的感情有一个了结。可是Sunshine竟然没有开门，我亦没有看见你的身影。我用钥匙打开了店门，前台的桌子上静静地躺着一封信。

小扬：

　　对不起，其实我并不是他们口中的第三者。但是对于你父亲的意外，我想我还是要付上一部分的责任。

　　我的确认识你的父亲路克祥，那是因为我是他所资助的一名贫困大学生。

　　可是虚荣心作怪的我不想被任何人知道我因为贫困而被资助，你的父亲总是笑着说没问题，他不会告诉任何人。之后，他总是亲自按时往我的卡里打钱，每个周末还会来看我，关心一下我的学习生活，有时，还会带上他的徒弟阿飞。

　　你父亲真的是一个很好很好的人，好到所有的人都认为我是他包养的小三，他也不做解释。

　　那天他来学校看完我就匆匆地赶回家了，他说那天是你的生日。后来我发现他的皮包落在了我那里。我就匆忙地给他打电话，我也不知道因为我的一个电话会影响他开车，之后出了车祸……

　　我想去参加他的葬礼，却被你的母亲拦在了门外，不给我任何解释的机会。

　　小扬，这是sunshine的房产证和经营证。我想这就当我偿还你父亲当年给我的一切吧，虽然我知道，这还远远不够。

　　还有，小扬，去上课吧。

苏以陌

我打开了礼物袋，里面是一个限量版的悠悠球。

忽然我发现了信旁边还有一张你绘制给我的漫画像，我把它折起来装进口袋，然后锁上了Sunshine的门，去你的出租房里找你，房东说你一大早就提着箱子走了。

我赶紧去了火车站，但是茫茫人海，找一个人又谈何容易。

"对不起，您拨打的电话已关机……"手机里的女声机械地重复着。

苏以陌，你到底去了哪里？

9月，我转让了Sunshine，背上了双肩包，做了一名高四生。

因为这是你对我最后的希望。

5

如果我够坚强够果断够爱你，我们会不会就有不同的结局？

苏以陌，你知道吗？这些年来我从来没有放弃过找你。

我开始写字，给你曾经画插画的那些杂志投稿，虽然我屡投屡败，但是我从来没有放弃过。因为我相信，终有一天，你会看见那些属于我们的故事，然后想起那段属于我们的旧时光。

以陌，这一次，你看见了吗？

青 春 灰 烬

宛若晴空

我坐在楼梯口倒数第二个阶梯上，靠着墙壁，伸长左腿，抬头仰望泼洒下来的浩浩荡荡的阳光，想象这个场景在阿阳眼里是否有那么一点儿文艺。

可惜阿阳一直喋喋不休，哪有空来看我一眼："我……她……我们……哎，你说我到底怎么办才好啊？"

我转头看阿阳纠结的眉头，风轻云淡地送他两个金灿灿沉甸甸响当当的大字："分手。"

阿阳瞪我。

我连忙改口："哦，不不不，要不冷淡处理？"

阿阳继续瞪我："不还是分手？！"

我叹息："亲爱的，你是一游荡花丛多年游刃有余的情场老手，我是一寂寞十数年可怜巴巴的单身姑娘，您能不找我问意见吗？"

阿阳坚决不放弃瞪我这一光辉事业："跟着我这高手数年，你这小喽啰除了分手以外总该有点儿别的收获吧？"

我点头："嗯，有收获，悟到了不少真理，比如……"

我站起来拍拍裤子上的灰，走进阳光里，悠悠开口："爱情是灰烬。"

转头我对阿阳冷笑："男人都是渣。"然后拔腿往教室跑。

我总是喜欢走一条偏路，弯弯曲曲，路上有茂盛的杂草和小花，我一路走一路低着头踢着小石子，直到看到一双干净的帆布鞋，抬起头，看见个美女正直直地注视我，眼光像是要直刺入我心里。

我笑嘻嘻地打招呼："嗨，嫂子，好巧，你也走这条道？"

嫣然望着我的眼神更加犀利起来，我正想后退一步，她抓住我的手臂，一巴掌就招呼过来。

我偏着头正哀叹自己反应能力过弱，却听见低低的哽咽声，我回过头来，嫣然溢满水雾的眸子落入我的视野。

"你怎么了……"我问，全然忘了左脸颊还在隐隐作痛。

嫣然恨恨看我一眼，转身走了。

我盯着那一抹亭亭玉立的身影在转角处不见，内心不知是什么感觉。

我在原地沉默了一会儿，找不到那颗一路踢过来的石子，继续往前走，转角时看到几道来者不善的目光，剩下的我能做的，就是继续哀叹自己的反应能力和体力双重衰弱。

我靠着墙壁慢慢坐下来，不顾地上凹凸不平。眼前五个人一看就不是我们学校的学生，也许根本不是学生。我感受衣服遮盖下的身体从不同部位传来的疼痛。真厉害，专挑别人看不见的地方打。

看她们要走，我赶紧叫住她们："喂。"

我开口都觉费劲："告诉江嫣然，这种事情一次就够了，再有下次，我也不会客气的。"

我听到一缕头发挑染成紫色的女孩儿发出一声"嘁"，然后脚步声渐弱，小路又恢复成安静的样子。

体育课我找借口请了假，回到空无一人的教室，趴在桌上休息。

脚步声响起，由远至近。

阿阳在我耳边说："喂，睡着了？"我动一动，哼一哼，不想改变把头埋在双臂间的姿势。

"给你买了杯热饮，快点儿喝，不然就冷了。"

脚步声响起，由近至远。

我用手按按胸口的瘀伤，疼。这样算什么呢？你到底懂不懂我的心意，你对我又到底是怎样的情愫，若是懂，若喜欢我，怎么会这样负我，若不懂我，若不喜欢我，怎么会对我这样好。这样，到底算什么呢？

"据说你最近桃花朵朵开？"阿阳仰头把一罐可乐灌进嘴里，液体从嘴角流下来，顺着脖子钻进衬衫衣领里。

我伸长腿："哪有，就一朵，而且是朵食人花，吓人得很。"

"哈哈哈，听说他送了一盆仙人球在你桌肚里结果你这傻瓜看也不看就把手伸进去了？"

"嗯啊。你说他是不是故意的，想废了我的手然后大摇大摆领养我？"

"这招不错，下次我也用用。"

我回过头斜睨阿阳笑得弯弯的眼睛，心神一晃。其实阿阳也不是多么帅，再说我看了几年，怎么也该产生抵抗力了，为什么还是觉得看不够呢？

"你跟江嫣然分手的时候是怎么说的？"

"啊？"阿阳丢掉可乐罐，"我跟她说我们不合适，跟她在一起还没跟你抬杠有意思呢。"

我一额头的黑线："你的情商在关键时候能不能不要这么低，会害死人的知不知道？"

阿阳疑惑地看我："怎么会？不是很委婉吗？"

是很委婉，委婉到连累了我。我摇摇头，换了个话题。

我往左走。

换右边。

转身。

再转身。

我终于怒了："你到底要干吗？！"

少年挠挠头一副无辜的样子，而我却凶神恶煞怒发冲冠模样，落在旁人眼里，应该是个好光景吧？

少年？我只想叫他狗皮膏药，简称皮皮。

"我就是想问问你，能不能和我一起吃顿饭？"皮皮露出春风般动人微笑。

"不能。"

"那一起散步？"

"不。"

"那一起去图书馆看书怎么样？听说你学习很好呢。"

"不去。"

"那……"

我迈开步子就走，就要擦肩而过时，皮皮抓住我的手臂，也许是他一时心急没控制好力道，我手臂上原本那些伤又重重疼痛起来，下意识地"嘶……"了一声后拧着眉瞪他。

他松开手臂，摸摸鼻尖，小声道歉："对不起，弄疼你了……我……"

"你快点儿在我眼前消失我就原谅你。"我咬咬牙。

进教室时，我瞥了一眼远处，他还愣愣地站在那里。

146

"以后我不用帮你刷晨跑了？"

阿阳说出这句话的瞬间我觉得心脏一寸一寸冻结，悲伤犹如游蛇，钻进血管肆意啃咬。握紧手指，我问："为什么？"

"经过不懈的努力，你那朵食人花终于进化成桃花了呀。看你最近闲了很多，打水什么都有人代劳，那我这个免费工人也该下岗了呀。"

论起绳锯木断、滴水穿、石铁杵磨成针的精神，皮皮，不，是叶令，当属第一，天下无敌。何况我非木非石非铁杵，乃一介凡人，终究还是狠不下心对待一个真心对我好的人。但是，我只是感激，只是愧疚，只是看见了我自己。我只是当他是朋友，是伙伴，是同类。

"不是你想的那样。"

"那是怎样？"

"嗨，林曦。"不远处忽然传来愉快的声音，我抬眼向下看去，叶令正在上坡，右手臂举得高高的和我打招呼。

我急忙转头看阿阳，他扯起一边嘴角，一副了然的、嘲讽的、漠然的表情。一时间，我好像听见一根弦"嗒"的一声，断掉了。

这是我和阿阳的老地方，彼此心照不宣，从不带旁人来，哪怕是阿阳的女朋友，也不知道这个时间这个地点我们固定的聚会。我才说着我和叶令没有关系，转眼叶令就触到了我们的禁区……

"我先走啦，让位给正主是咱配角当仁不让的责任和义务。"阿阳面无表情地站起身，从相反的方向离开，行云流水一气呵成。

我看不清他的眼神，复杂得如同一个谜。

"咦，那是校花的前男友吗？他怎么就这么走了？"叶令疑惑地看我。

我摇摇头，发不出声音，竭力压抑内心翻涌个不停的难过。

我拉过叶令的手拽着他下坡。叶令也许是惊讶了吧，我第一次拉他的手，他竟然乖乖被我拽着甚至忘记了说话。

我的感觉被无限放大，丛林里风吹过枝叶缝隙的声音，脚踩在杂草上杂草簌簌折断的声音，叶令手指上血液流过的温暖，眼泪突破眼眶蔓延的轨迹。

叶令缓过神来，用力握紧了我的手，声音却是从未听见过的，小心翼翼，生怕碰碎了什么似的："林曦，你，哭了吗？"

阿阳不帮我刷晨跑，我自己跑，叶令在我旁边欢快地说着各种冷笑话，我只是沉默。过了几天，叶令夺过我的学生卡，掰着我的肩要我坐在旁边，他一溜烟跑完。

晨跑的事情，到底还是叶令担起来了。

再后来，我都不用去操场了。下了晚自习走出教室门就可以看见叶令等在那里，我把学生卡给他，第二天他帮我刷完晨跑，再去食堂帮我买早餐，然后到我的教室把我的学生卡还给我。

同学们嘻嘻地笑我们小两口甜蜜蜜，我看着新出的黑板报想的是，当新的痕迹覆盖了旧痕迹，是不是心事也就可以翻篇了呢？

我能不能翻开新的篇章还是未知数，阿阳却兜兜转转又翻回了前一章。

我靠在栏杆处，江嫣然站在我旁边，问我："咦，阿阳怎么不在教室？"

我实在不想说话，尤其不想跟她说话，可惜人家的追逐精神仅次于叶令，堪称皮皮二号："林曦……我……你……他……我们……"

我很想捂住耳朵，很想摇头尖叫，很想发火让她滚。我的表情一定很痛苦。所以当叶令出现的时候他眼里闪过一瞬间的惊讶。

我用水雾蒙眬的眼睛看着他，用眼神请求他："求你，带我走吧。"

叶令终于明白了我的意思，伸出手来，带着我离开。

他带我到一棵花树下，枝头上的花朵千娇百媚。他想抽回手，我不放，反握紧他的手，低声对他说："还好有你"。

但我抬头看见他不自然的表情。

"为什么，你的表情里，好像有愧疚？"

"啊。有吗？"叶令挠挠头。过了一会儿，他又补充道："我应该早点儿出现的。那样你会好过一点儿。"

叶令就是叶令，从来都很分明，甜言蜜语清楚明白，不像阿阳，心思外面裹了无数层布，要费尽心思，一层一层去揭。

叶令摘下一朵花，别在我的头发上。

好像，有一点儿，幸福的感觉。

从前，我以为演技是演员才有的，我以为戏是剧里才有的，我以为真的就是真的假的就是假的。

现在，我只想说：呵呵。

"如果不是我撞见，你还要骗我多久？！"我冲叶令大叫。

她旁边的女孩儿，一缕头发挑染成紫色的女孩儿，还握紧叶令的手，如此盛气凌人，并且用怜悯的、不屑的、嘲讽的眼神将我从上到下打量一遍，最后不经意地发出一个语气词："喊"。

这个女孩儿，看起来真熟悉。哦，我想起来了。她曾为江嫣然在小道上对我动手，好一出姐妹情深；现在却牵着叶令的手又站在了我面前，好一场两情相悦。

真是好笑。

我看着叶令，你刚才不是幸福得吻着你真正喜欢的女孩儿吗？你不是牵着她的手到现在都没放开吗？被人骗得团团转的不是我这个傻瓜吗？我不是为破坏她人姻缘得到应有的报复了吗？该得到恋人的江嫣然不是如愿以偿完美胜出了吗？该适时退出我的世界的你现在不是刚好找到好时机走人了吗？那么，你做出这么悲痛的表情干什么？该觉得悲痛的不是我吗？真是好笑。

"哈哈……"我当真是笑出来了，笑得泪流满面不可抑制。

"林曦……"

模糊的视野里，我再看不清叶令的表情，也不想再看见。

我捂着心脏的位置，那里的瘀痕明明早已消失不见，但是这一刻，所有的痛楚都回来了，细细密密，密密麻麻，织成一张网，收紧，全是割伤。

"叶令，有你真好。"我扶着墙壁，跌跌撞撞地逃跑，"我以后，再也不会傻乎乎地相信什么狗屁爱情了。"

你从前是不是明知我有伤还要弄疼我，你从前是不是故意无辜地出现在那里让阿阳误会我背叛，你从前是不是……怎么可能不是呢。

不要再用那种悲伤的声音叫我的名字，我再也不会相信你了。

从前你快点儿在我面前消失我就会原谅你，这一次，不会再那样了。

莉莉摇摇头说："啧啧，从前的林曦从来不会露出你现在这样冷漠的表情。"

莉莉与我同桌三年，向来心直口快。我不作声，冷冷地接过她手里的牛奶放到窗口。窗口已经有一整排的牛奶，没有人喝。

赵阳不知第几次来看我，劝道："林曦你有点儿出息，不就是失恋嘛，多大点儿事啊。"

前几次我都隐忍不言，这一次我想起早上江嫣然叫人递交的纸条上那些伤人的字字句句，小宇宙终于爆发，我先是把牛奶扔到了赵阳身上，然后指着他的鼻子骂："带着你的牛奶给我滚！不要再出现在我面前！还有，管好你的小情人，别让她像条狗一样咬人！"阿阳脸色铁青，踢了一脚，掉头走开并怒道："不可理喻！……"一盒牛奶被踢到远处，乳白色的液体流出来，它在流泪。我摸摸自己的脸，湿淋淋一片。

一周后校花被甩的消息飞往校园各处。江嫣然来找我，我用恶言恶语应对她满脸的怨恨，并打定主意，她要是敢动手，我绝不示弱，看她被呛得无言以对，我痛快极了。

我对莉莉说："你说的不全面，我现在何止冷漠，还很尖酸刻薄呢。"

莉莉回答："有人找你。"

我向窗外看去，看见一朵食人花，哦，是叶令。

我出口便是嘲讽："之前那盆仙人球被我养死了，你要不要再送一盆来？"

叶令看我半晌，却说："我觉得我真的喜欢上你了。"

我哈哈笑起来："戏还没完？别玩了，叶令，我再不信你了。"

他眼睛里竟有了水光，我心里一惊，在这一惊怔间，他忽然伸手揽住了我，使了力气将我的头按在他的胸口："再信我一次，最后一次。"

冷漠和刻薄的壳瓣里啪啦裂成碎块，委屈，只剩下委屈，眼泪汹涌地打湿他的衬衫。

天亮说晚安

林益涵

翻开手机，已是00：00。又是新的一天了，我似乎看到微弱的晨光一缕一缕地穿过我的身体，感觉变得轻飘飘的，好久没有这么愉悦过了，如释重负般的洒脱。我轻轻合上手机，轻轻说了声"晚安"。

然后，天亮了。

仿佛还是四个月前的我，仿佛还是四个月前的你，一切都没有发生，一切都按照原有的轨道运行着……

你的短信突兀地闯了进来，然后时光换了另一条陌生的路，谁也预测不到未来。刚开始只是一些琐碎的平常小事，学校的、家里的、开心的、伤心的，事无巨细，一一诉说。你像个喋喋不休的演讲者，而我则是天天听你唠叨的忠实听众。我们的对话总是以"晚安"结束，不知何时成了习惯。"晚安"这两个字从此便烙印般刻在我的心上，再也无法抹去。从那时起，我深深地恋上了夜晚，恋上了你的晚安。

"明天不要迟到哦！晚安。"

"天冷了，注意保暖，小心感冒。晚安。"

"希望你做个好梦，希望我晚上可以梦到你。哈哈……晚安。"

"明天考试啦！加油加油！晚安。"

"晚安。晚安。晚安。"

……

收信箱里满满都是你的短信，一条也舍不得删。我会在每个午后的黄昏，找一个没人的角落，静静地把手机翻开，不厌其烦地翻阅，揣摩着你的小心思小情绪，然后像发现新大陆般欢呼雀跃。

"知道吗？wan an：wo ai ni，ai ni。就是，晚安，我爱你，爱你。看到这篇日志我吓了一大跳，看来以后不能随随便便对别人说晚安了。不过，你是个例外。晚安。"我都说得这么明显了，难道你还不懂么？我把手机抱在胸口，似乎能感受到自你那一边传来的夹杂着你体温的短信，正在沿着月老的红线向我飞奔而来。

"其实，晚安的含义我早就知道了，wo ai ni，ai ni。不过，跟不同的人说含义都不一样哦。哈哈，晚安。"我举着手机，高兴得手舞足蹈，比小时候考试得了100分还高兴万倍。他说，他早就知道。所以，他是爱我的，对吗？

手机很不争气地停机了，自修回家后才知道。怎么办呢？突然变得害怕，害怕收不到你的晚安，害怕你等不到我的晚安后失望的模样，但又满心期待，我把声音调到最大，然后把手机紧紧抱在胸前——等你的晚安。是的，对我来说，晚安成了呼吸一样必不可少的存在。

23：30。打开手机，没有未读短信。

23：45。还是没有。

23：47。我开始嘲笑自己的自作多情。原来一直都是我厚脸皮地主动找你聊天，主动跟你说晚安。明明是你给了我你喜欢我的错误信息，却还让我一直傻傻错下去。我狠狠地把手机扔到一边，各种愤怒涌上心头，鼻子酸酸的，很难受。我像只被人抛弃的洋娃娃……被人抛弃的洋娃娃……

也许你还在书桌前奋斗呢，也许你手机没电了，也许你也刚好停机了，也许……我还在拼命为你找借口，突然觉得自己可笑，可是，我却回不了头。夜，突然变得很黑很黑，什么也看不见。我还在黑夜中徘徊，迷茫，苦苦找不到方向……

已记不清你跟我说了怎样的理由，总之，是真是假不想追究。我就是个大笨蛋，一旦爱上了就像那身不由己的木偶，只能任人摆布。

愚人节，晚上。

我还在等你的晚安，却迟迟等不到结果。偏偏自己是那么没出息，竟情不自禁地先给你发了短信。

"我喜欢你。"

"怎么可能呢？"

"才怪！"

"愚人节快乐！"

我终究没有勇气这样发给你。

写了删，删了又写，最终只对你说了"晚安"。

晚安。晚安。

154

"以后，我不会再对你说晚安了，再也不会了！有没有瞬间解脱的感觉？"

你的这条突兀的短信着实把我吓了一跳，右眼皮毫无预兆地跳动着。

"告诉我这不是真的！愚人节刚刚过去，不要开玩笑好不好？我很傻，会当真。"

"面对我，你从来都是很从容，很淡定；面对你，我却无法控制自己，这样我好累。"

"哈，很从容，很淡定？你有没有想过我只是比你更会伪装罢了。既然，你不想珍惜我们之间的这段感情。那么，我以后不会再去打扰你了！"

没有人知道我是怎样颤抖着发出这条短信的，更没有人知道我的心，早已碎了一地……

"如果我说刚才那条短信是测试你的呢？你马上就回说不打扰我，你那是珍惜么？扯淡！好了，不要再回了！"

不要再回了！

我不会再回了！

我知道，你已经不需要我的晚安了，不需要了。

窗外，点点星光闪烁。我终于勇敢地哭了出来。哭过，就该忘了。

"生活失去了动力，由期待变得害怕夜晚的来临。"你更新的"说说"，时间是刚刚。

如果，我的离开能让你的世界有一点点的与众不同，我想，我还是会很开心的，至少，我在你的生命中真真切切地存在过。

从来没有因为一个人变得如此卑微，卑微到被自己看不起。一直以为自己总是没心没肺，无情无义，从来不会因为感情的事流一滴眼泪，更是鄙视那些因为失恋哭得撕心裂肺的女生。

可是，喜欢上你之后，我才发现自己错了，而且错得一塌糊涂。

我放下了尊严，放下了骄傲，放下了面子，都是因为放不下你。

可是，你偏偏不懂。

我默默地合上了手机，不去看不去想就不会思念。

可是，我的心却一直在跳动，一直在催促我去做一件事，那就是——对你说晚安。

夜，从来没有这么漫长过。

心，一片沉寂……

12点的钟声敲响，我轻轻合上了手机，轻轻说了声"晚安"，对你，对自己，对那些个敢爱敢恨，全力以赴的日子。

我会习惯，没有人对我说"晚安"的日子。

也会习惯，跟没有人说"晚安"的日子。

12点已过，美好的一天即将开始。

我听见来自昨天的一声轻轻的"晚安"。

然后，天亮了。

一个人的独角戏

苏少艾

1

凌晨3点半。

我再次很"幸运"地失眠，掰着指头算了又算，距离 上一次与你联系过去了七天。

七天不过是七个二十四小时，与时间的长河相比显得那么波澜不惊，微不足道，但我只知道这七天有多难熬，我无时无刻不在想念着你。我突然觉自己很可笑 ，你心里明明住着一个人，我还是这么犯贱。

拿起手机登QQ，打开我唯一的单独分组。It's too late.理所当然你不在线，但还是想给你发条信息。我踌躇着说什么样的话用什么样的口吻才不会令你厌烦，我小心翼翼地修改着措辞，"啊""啦""哟"等撒娇的词语，夹杂着我的思念以及对你埋藏心底的情感，我纠结在这些词语中，挫败地按下退出键。

其实你根本就不会在意那些措辞，也不会去猜那些文字游戏，或许你压根就没兴趣揣摩我的秘密。

你只是被我单恋纠缠了两年，但仍需仰望的你。

而我唱着一个人的独角戏。

2

得不到的永远在骚动。

会在某时某刻突然发疯地相信你，然后特神经大条地去你空间留言，说的无非是一些"好好爱自己""照顾好自己"之类的话，于你，无关痛痒，于我，忐忑不安，生怕泄露心底的秘密。我想是我多虑了，那些留言你从未回过，或许你未曾看过也说不定。我怨你，风轻云淡；我笑自己，自作多情。

也曾狠下心来克制自己不去在意你，却总是不自觉地习惯在人群中搜索你的身影，习惯在球场上深情凝望穿着8号球服的少年，习惯在你投进三分球时，心情变得莫名的好。

我喜欢看你穿那件蓝色衬衫，它记录了我暗中窥视你的目光，承载了我对那个少年的美好幻想，即使最后你不再穿，但我的感情依然忘不了，丢不掉，每当看见与你相似的那件蓝色衬衫，我都会呆呆地盯上好几分钟，可是，谁也穿不出你的感觉。

呵，那句话怎么说来着，爱上一匹野马，可我的家里没有草原（呃，貌似不太恰当，应该是"情人眼里出西施"吧）。

3

眼睛为你下着雨，心却为你打着伞。

我承认，我嫉妒一个人。

我和她都参加了女子一千五百米长跑比赛，最后，她拿了第一，我第二，我想我也只能拿第二。

比赛开始之前，你就一直在她身边鼓励她，为她加油、打气，我看见晨曦里你们都笼罩上了一层金黄色的光圈，你和她的画面那么耀眼。我扭过头去不再看你，眼眶干涩得像有什么东西快要落下来，我咬了咬嘴唇，竟有一股血腥的味道。你全程陪她跑完了一千五百米。我嫉妒，为什么主角不是我，在最后的冲刺阶段，我是有能力拿第一的，但我减缓了速度，你对她如此用心，是希望她拿第一的吧，自然是我不配。

她顺利地拿到了第一，然后我看见你宠溺地看着她，宛若珍宝，身旁不断有人来祝贺："哇，好厉害哦，第一名……"你笑而不语，然后你的一帮兄弟过去调侃："嫂子，好幸福哦，他就没对哪个女生这么好过……"我看见她羞涩地低下头，笑着，面颊上宛如两朵红霞。她的确很美，让你移不开视线。

我下意识地拼命咬嘴唇，血腥味越来越浓。我躺在草坪上，眼泪不可抑制地喷涌而下，终究还是在乎了。

我是以如此卑微的姿态喜欢你。

我是用如此卑微的姿态仰望你。

4

一字一句像圈套。

除夕夜，连续两个小时我一直盯着手机屏幕发呆，屏幕暗掉，我又重新解锁继续使它发亮。无聊的机械动作重复了不下几十次，可你的QQ头像始终不亮，无端地怅然与失落。

正当小女子凄凄惨惨戚戚之时，突然系统消息提醒我你上线了，果然没有白等。

"终于等到你上线了。"之前的怅然都被抛到九霄云外了。

"哦。"你一副无所谓的语气。

"今天除夕夜，有没有出去玩啊？"我像个滑稽的小丑一样寻找着话题。

　　"我要玩游戏了，下次再聊吧。"然后是你的灰色，原来我们之间短短的两句话就结束了，两个小时的等待，换不来你的两句良言。

　　心好痛，像没温度的气球，夜晚潮湿的衰败气息，在空气中漫延，好像一切都被蒙上淡淡的灰色，像是有人在哭，听不清。

　　后来怎么样了呢？后来，听说除夕夜那晚你一直在和她煲电话粥，为她唱歌，哄她入睡……又何苦骗我玩游戏？真是个不错的烂借口。谁也不知道当时我的面容有多僵硬，但还是得附和道："嗯，他们感情真好……"

　　有些人就算是你为他付出了全世界，他也不见得会在残忍的背后，为你留下一道温暖的疗伤之门，如你，还是不愿留下一丝温存给我。

　　我想，如果有来生，我要做一棵树，站成永恒，没有悲欢的姿态，非常沉默，非常骄傲，从不依靠，从不寻找。

　　从不遇见你。

牙疼，从不是一件小事

武林萌主

　　早晨的时候，突然我有一种奇妙的感觉。

　　然后我开口对同桌说："我感觉今天对我是非同寻常的一天。"看着同桌惊诧的表情，我下意识地拿手擦了一下嘴巴，细一看，满手血。

　　同桌也来不及心疼，抓起桌上的优酸乳就给我漱口，一边特紧张地问："有事儿没有事儿没？"我想说没事，可是我怕我开口就是万劫不复的血流成河，所以我很果断地摇摇头，结果额头磕在一路过男生腰上，咳了一下，一口血吐出来。男生惊恐地瞪着我，傻了半天冒了句："要不要这么夸张？"

　　冲我这么逆天的反应，即使接下来第一节课是物理测试，班主任也很大方地给我批了一节课的假让我去医务室看看，同桌乐不可支，反复着一句话"因祸得福"，活像个疯子。我翻了翻白眼，这可是我血的代价。

　　医务室那个帅帅的医生瞟了我一眼，说了句"小事儿"，然后丢给我一盒VC含片和棉签。整套动作一气呵成，一分钟不到，连基本的望闻问切都没有。同桌很不甘心就这样回去考试，所以眨着大眼睛问他："就这样？"小帅哥头都没抬："牙龈炎，缺VC。"

　　我们在医务室磨叽了整整十分钟止血也没有成效，最后旁边的小护士看不惯我和同桌的嘻嘻哈哈，拿棉球往我嘴里一塞，对我说："坐一会儿就可以回去了。"同桌拍着我的肩膀大呼小叫："笑笑，多大点儿事，你吓死我了。"

但是事情并没有就此结束，第二天而且同样是在物理考试前的下课，我右侧倒数第二颗牙开始疼得翻天覆地。

我对同桌说："我牙疼。"同桌点点头："我明白你不想物理考试，我也不想。"然后抱着我的胳膊，特傻气地对我说："笑笑，你的牙能不能再流一次血？"我有点儿无奈："我的牙真疼！"同桌盯着我的牙看了十秒，突然捂住嘴巴："我的牙也疼，想到接下来的物理考试，我心肝脾肺肾浑身每个细胞都疼。但是亲爱的，牙疼不是借口，躲得了一时不能躲一辈子啊。再说了，牙疼能是多大事儿啊。"

我看着同桌的脸，突然觉得特别委屈。我希望我现在能够满嘴鲜血，但是什么也没有。最后我一边捂着右脸，一边考着该死的物理，眼泪吧嗒吧嗒地掉在稿纸上。在老师的眼皮底子下，同桌给我塞了一张纸条："对不起啦。"我把小纸条塞进书包，什么也没有回，要是让她知道我是被痛哭的，不笑得打滚是不会罢休的。

鉴于被灌输了"牙疼是一件的小事儿"的思想，我对牙疼决口不提。疼得吃饭都不行的时候我就吃馒头生活。

某日正值上课，同桌非常非常和谐地牙疼了，疼得她坐立不安，最后坐不住了，突然就站起来说了句"我牙疼"，拽起我就奔医务室，丢给全班两个大义凛然的背影。

医务室的小帅哥看见是我和同桌，笑眯眯的："牙龈又出血了？"同桌咋咋呼呼："这次不是她，我牙疼。"小帅哥拿了片姜，让同桌含住，说是能暂时缓解疼痛。一旁的我终于也忍不住了："能不能给我也来一片姜，我牙疼几天了。"小帅哥说："那你怎么不早来啊？"我说："这不是她说牙疼是小事儿嘛。""呵呵，难道你们没有听说牙疼不是病，疼起来真要命？"同桌坐在凳子上很不安分："就是就是，我反悔了。"还很配合地"嗷"了一声。

下课被班主任逮去办公室："我说你们上课直接往外冲，有没有一点儿纪律性？"同桌一脸无辜带着些许的骄傲："因为我们牙疼！"教育我们的话还没有来得及说，旁边班主任五岁的儿子突然号啕大哭，含糊不清地哭腔夹着断续的话："我……不……要……牙……疼……"

事情的后续嘛，我和同桌还是被教育了一回。但是我真的想说，牙疼绝不是一件小事儿！

"魔咒"缠身的那些年

某某闲来

从小到大，不知道你是否有过被魔法缠身的经历，反正，我是有过。

1. 欺负我的人被我"诅咒"后会有报应

小的时候，我长得比较矮小，经常成为大龄孩子欺负的对象。由于不擅长打报告，手无缚鸡之力的我只能默默承受。

看着那些扯着我的羊角辫或是玩叠罗汉一般把我死死地压在最底层的人们得意的笑容，内心总是会涌起一股股名叫愤怒的火焰。在他们心满意足离去之后，我委屈的眼泪夺眶而出，也是那时，我学会了把一切怨恨和不满通过腹语发泄出来。

而我知道被第一个"咒语"附身的时候，是回家的林小样忘了带钥匙在门外站了两个小时。

画画课上，他将水粉故意洒在了妈妈为我新买的白裙子上。当下我就急哭了，要知道，这条裙子可是我求了妈妈一个多月才买的，现在竟在林小样的恶作剧下染上丑陋的黑色颜料。毫无疑问他是受到了老师的批评惩罚，可是仅仅一份五百字的悔过书真的很难消灭我心中的愤怒。

我还记得那天很阴郁，黑云一片片地散落空中，压得人喘不过来气。放学后，大家纷纷收拾书包想要快点儿回家，谁也不想淋成落汤鸡，林小样也不例外。可是这却引发了我第一次的诅咒。

我知道林小样的父母工作很忙，所以八岁的林小样总是一个人走回家。看着他急急忙忙奔出教室的身影，我暗暗在心中祈祷：最好林小样忘带钥匙被关在门外，等到下班的爸妈回来后才能进家。

其实，我根本也没想到自己的随便说说竟然成真。课间操，经过林小样和他的死党李小磊的身边，我才知道他真的忘带钥匙，躲在屋檐下等待爸妈回家。

大多数，这个"咒语"像个正义的化身为身为弱者的我打抱不平，但在心生恶念的时候，便幻化成恶魔，冷酷无情地惩罚着那群欺负我的人。

林小样的死党李小磊也常常看我笑话。看到我像一个柔弱的绵羊任人欺凌时李小磊也开始发挥恶劣的本性。在一次语文课上，老师提问我回答问题，坐在我身后的他在大庭广众之下，掀起了我的裙底，顿时，我那印有Snoopy图案的小裤裤一览无余。我至今还记得，课堂内哄然的笑声，还有自己越来越烫的脸颊。

"我讨厌死了李小磊，最好出门出大糗。"我愤怒地收拾书包，而李小磊跟着林小样两个人讲着课堂上我出糗的事走出教室。

但当我看见李小磊半蹲着杵在篮球场，翻着白眼一手捂着自己同样的Snoopy图案的小底裤一手指着旁边害他变成开裆裤的队友时，心里开始莫名其妙平衡了！

天啊，真灵。

2. 考试时，抄我试卷的人分数惨不忍睹

发现这个定律还是源于一系列考试，希望我"曲线救国"的同学抄袭我的试卷后，凄惨的分数。

由于我的学习成绩还算不错，班级前三，这像是自由女神像在黑夜中被灯光环绕，亮起了考前希望的信号灯。许多平时学习吊儿郎当的同学摩拳擦掌，各种讨好谄媚，想要我在考试时施舍个几分。

试卷发了下来。看见经我"救济"后试卷上那些琳琅满目的红叉，我的下巴几乎掉了下来。天地良心，同样的考题，我考了80分，别人照抄我的答案却只得了18分，这是玩笑，还是搞笑？我不知道，只是回过神来拍了拍还陷在惊讶中的考卷主人，打趣道："你该换副隐形眼镜了，我怀疑你近视之外，还有斜视加散光。"

然而随着考试次数的增多，越来越多的人来到我的面前，希望我能帮他们渡过难关，这个定律就会变得更加突出。在那些惨淡的莫名其妙的考分上，我的信誉降至为零，大家纷纷质疑我在答案中动了手脚，可是日月可鉴，那些选项我也是一个一个照着试卷的勾画涂在答题卡上的，并无额外修改。

考试时，抄我的试卷，分数会惨不忍睹。

当我明白这又是"诅咒"在搞鬼的时候，我花费了巨大的时间和口水去解释这奇妙的现象，最终赢得了他们的"谅解"。恰巧又逢上新一轮的月考，正当我翘首以待是否有不怕死的继续问我索要答案时，那些曾经寻求我帮助的同学早已转移了目标，他们再也不敢拉着我一起作弊了！

我真不是见死不救、袖手旁观啊亲！

3. 和我同桌的人会被人追

这不，到了高二，我又开始被新的"咒语"困扰着。

高二，文理注定要分家，而分开之后总是会呈现这样一种景象，理科班"僧多粥少"。可奇怪的是，我所呆的理科班偏偏不走寻常路，各位萝莉御女纷纷选择留下来，于是我们班成了理科班里的校花班，男女比一比一。

每次课间的广播体操，我们班长长的女生队伍总是理科军团中一道靓丽的风景线，这可羡煞了其他十几个理科班。所谓近水楼台先得月，我所在的11班恰好处在教学楼的顶层，那里只能容下两间教室，所以这个近楼就非排名在12的最后一个理科班莫属。

"小闲，那个……"我刚上完楼梯就被一个男生拦住了去路，"那个，小闲……给你。"说完，就将一个淡蓝色的信封塞进了我的手里跑走了。

愣了几秒后，我看清那是一封情书，也才明白过来这厮原来是在送情书。自豪感顿时油然而生，心想，不行，对于别人送来的情书，我不能表现得高贵冷艳，要微笑，对，微笑示人。想着想着，抬起头望着那个消失的方向展开嘴角，恰巧看见那个送情书的男生站在12班门口的走廊中间，向我深深鞠了一躬。我纳闷，那个男生却像是鼓足了莫大的勇气，说了一连串的话。

"莫小闲同学，麻烦你将信转交给孙瑶，告诉她，明天下午，教学楼下不见不散，谢谢！"话音落地，钻进了自己的教室。

你能体会到从小一直默默无闻好不容易遇上别人递情书这事儿居然还是别人的，这种给了希望再次落空的感觉吗？没错，我现在就是这种感觉。闷闷不乐走进教室，将信甩在了桌子上。

同桌倒是没有在意我的怒气，一边打开被我扔在桌子上的情书，一边懒洋洋地询问："咋了，小闲，发那么大火？"

我拉开椅子坐下，因为生气，弄出了很大的响声。

"不就是别人托你给我递情书，有这么不高兴吗？"孙瑶晃动她海藻般的头发靠近我的身边。

对了，忘了说，送情书的对象孙瑶是我上个星期新换的同桌。

"小闲，你发现了没有？"孙瑶伸出右手捋了一下她耳际的碎发，"你上个同桌也被人追过，上上个也是，上上上个也是，再上上上个还是。我是你自分科后的第五任同桌，而之前和你坐在一起的都有被人追过的经历。"孙瑶说这一切的时候，眼睛一直睁得大大的。

其实，不用孙瑶说，我也知道。我的同桌都被人告白过，而我就是那个挑着大旗说"拒绝打酱油"却始终被硬性扣上月老帽子的无辜小娘子。

我能告诉你，我其实每一次心里想的都是"你这厮是近视还是散光，这么抢眼端庄的妞儿就被你们一一绕过，于心何忍呐你们！"

……

成长的过程就好像一场奇妙的旅程，虽然我的"魔咒"不像巴拉巴拉小魔仙那样高端大气上档次，但是你怎么知道我就没在幼儿园到现在一直在自己身上"施咒"——"如果美有罪，我愿罪大恶极"呢？

关键时刻，你得给力啊喂！